アクティブラーニング

多文化の
共生社会を創る

Introducción a los desafíos de
una sociedad multicultural "kyosei" :
explorando los avances y problemas de
los diferentes países de Latinoamerica

ラテンアメリカの問題から探る

石黒 馨・福間 真央・額田 有美

編著

晃洋書房

はしがき

　本書は，多文化（多民族）の共生社会の課題を学ぶためのアクティブラーニングの教材である．アクティブラーニングとは，教員が一方的な講義を行うのではなく，学生が授業に積極的に参加する学習方法である．学生自身が自ら問題を発見し，その問題を試行錯誤しながら解決していく過程を重視する．

　この教材では，学生が授業において以下の①〜④の能力を高めることを目的にしている．①「問いを発見する」．②「問いを調べる」．③「調べたことを考察する」．④「問いの答えを探る」．

　授業では，学生は数人のグループに分かれ，次のⅠ〜Ⅲの形式で学習を行う．教員の説明の後，Ⅰ「個人ワーク」によって各節のテーマについて自分で考える．Ⅱ「グループワーク」（個人ワークの持ち寄り）によってみんなで考える．Ⅲ「ワークシート」に各ワークの結果を書き込む．

　本書は，ラテンアメリカの人々の経験を通して，多文化（多民族）の共生社会を創る上での課題を探ることをテーマとしている．ラテンアメリカ諸国では，先住民・黒人・移民などのマイノリティは，支配階層による同化主義，多文化主義，多民族の共生を経験してきた．

　同化主義：ラテンアメリカ諸国は，15世紀末にスペインやポルトガルの植民地になった．19世紀初頭に植民地から独立し，国民国家を形成する際に，各国の支配階層が先住民に対して採った政策は，人種差別を背景にした同化主義／統合主義である．これは，図1のように先住民を支配階層のメスティソ（白人と先住民の混血）の社会に同化・統合し，先住民を消滅させる政策である．

　本書のブラジルの黒人差別（第10章），ウルグアイの先住民虐殺（第11章），米国のメキシコ系移民の排除（第12章）は，マイノリティに対する同化政策や

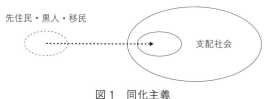

図1　同化主義

出所：筆者作成．

排除政策が今日でもなお克服されていない状況を明らかにしている．

　ブラジルの黒人差別は，300年以上続いたブラジルの黒人奴隷制に起源がある．1888年に奴隷制は廃止されたが，今日でも黒人は，教育・雇用・医療などの分野で差別を受けている．

　ウルグアイの先住民人口は約2.4％である．先住民は，ヨーロッパ人入植者や，独立以降の支配階層によって虐殺や同化を経験してきた．ウルグアイ政府は，今日でも先住民の権利を認める国連のILO先住民条約を批准していない．

　メキシコ系移民の米国への入国は，人種主義や能力主義の移民政策によって排除されてきた．米国にいる約1150万人のメキシコ系の非正規移民は，景気変動によっていつでも解雇される都合の良い労働力にされている．

　多文化主義：1989年に国連でILO先住民条約が締結された．これ以降，ラテンアメリカの多くの諸国は，先住民の権利を認め，その政策を多文化主義に改めてきている．多文化主義は，先住民の文化を尊重しながら，先住民との共存（多元世界）を目指すものである．図2のように，それまで支配社会に同化させられてきた先住民は，その権利回復を要求している．

　メキシコのサパティスタの武装蜂起（第4章），アマゾニア先住民の運河開発への反対（第5章），ペルー先住民世界への軍事介入批判（第6章）は，各国政府に対する先住民の権利回復の要求である．さらにコミュニティ参加型ツーリズム（第7章），コスタリカの先住民ツーリズム（第8章），ペルーの日系移民の活動（第9章）は，先住民や移民による主体的な生存戦略である．

　メキシコ政府は，1992年の憲法改正によって多文化主義を認めたが，先住民の自治権を認めなかった．サパティスタの武装蜂起（1994年）は，植民地時代から否定されてきた先住民の権利回復を要求するものであった．

　アマゾニア先住民は，運河開発への反対を通して，ペルー政府や開発企業の一元世界観の押しつけに反対している．彼らは，先住民の世界観が容認される

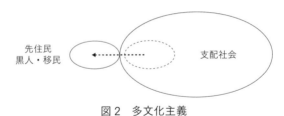

図2　多文化主義

出所：筆者作成．

ような多元世界の実現を求めている．

　ペルー政府はまた，アマゾンの自然環境保護を口実に先住民世界に軍事介入している．先住民は，自然環境保護や石油開発・金採掘を目的とした政府のゾーニング政策に異議を唱え，先住民の土地所有権や自治権を求めている．

　メキシコの先住民クミアイは，コミュニティ参加型の観光事業を始め，経済的自立を達成しようとしている．この観光事業によってさらに，独自の文化やアイデンティティを維持しようとしている．

　コスタリカの先住民は，その居住区にホテルを建てることによって，経済的自立だけではなく，先住民としての自覚を高めている．彼らは，非先住民世界と交流しながら「先住民になる」ために自らを啓発している．

　ペルーの日系移民は，戦前からペルー社会で経済・社会・文化的な多くの困難に遭遇してきた．ペルー社会のマイノリティとして生きてきた彼らの経験は，多民族の共生を日本で創る際に多くのヒントを与えてくれる．

　多民族の共生：多民族（多文化）の共生は，多文化主義のさらにその先の社会を目指す．多文化主義は民族間の差異を認めそれを尊重する．しかし，その差異を強調しすぎると，民族差別や民族紛争の契機になる場合がある．多民族の共生は，民族間の固有の差異に拘ることなく，図3のように民族間の公平な相互作用によって新しい関係（多民族の共生）を構想するものである．

　本書の日系ブラジル人の子どもたち（第1章），メキシコのフィエスタ（第2章），チリのマプーチェ医療（第3章）は，先住民や移民が支配社会の人々との相互作用の中で多民族の共生を構築しようとする試みである．

　日系ブラジル人の教育は，共生社会の実現を考える際の課題を示している．言語・適応・学力・進学・就学・アイデンティティなどの点で彼らがうまく包摂されなければ，日本における多民族共生の実現は難しいだろう．

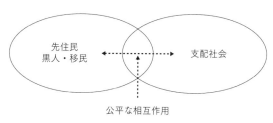

図3　多民族の共生

出所：筆者作成．

メキシコのフィエスタは，スペインの民俗文化と先住民の土着習俗が融合して作られた文化融合の産物である．先住民は，メスティソと同様にスペイン語を話し，カトリックを信仰している．

チリのマプーチェ医療は，先住民マプーチェとチリ人（非先住民）との共生の架け橋である．「マプーチェ医療は誰のものか」という問い自体が共生の可能性を示している．それはマプーチェのものであり，チリ人のものである．

最後に，本書は「21世紀ラテンアメリカ研究会」の4冊目の研究報告書である．1992年に発足したこの研究会は今年で33年目を迎えた．この間，研究会では，『ラテンアメリカが語る近代——地域知の創造』（世界思想社，1998年），『グローバルとローカルの共振——ラテンアメリカのマルチチュード』（人文書院，2007年），『創造するコミュニティ——ラテンアメリカの社会関係資本』（晃洋書房，2014年）を刊行してきた．共同研究の成果としては，本書はなお多くの課題を残している．読者諸賢のご批判をもとに，いっそうの努力を重ねていきたいと考えている．なお本書の刊行には，晃洋書房編集部の西村喜夫氏と櫻井天真氏に大変お世話になりました．執筆者一同深く感謝致します．

2024年7月

執筆者を代表して

石黒　馨

目　次

はしがき

第Ⅰ部
多文化の共生に向けて

第1章　日系ブラジル人は日本社会に包摂されているか　　大川ヘナン　3
——子どもたちの教育問題から考える——

❶　問いを発見する　日系ブラジル人とは誰なのか ……………………………… 3

❷　問いを調べる　子どもたちはどのような困難を経験しているのか ………… 5

❸　調べたことを考察する　日本社会は子どもたちを包摂できるのか ………… 9

❹　問いの答えを探る　国境を越えて生きる世代 ………………………………… 13

第2章　コンパドラスゴは何のためか　　山内熱人　17
——メキシコ先住民のフィエスタを通じた人間関係——

❶　問いを発見する　メキシコ農村におけるフィエスタ ………………………… 17

❷　問いを調べる　コンパドラスゴの実態 ………………………………………… 19

❸　調べたことを考察する　コンパドラスゴの意義とは何か …………………… 23

❹　問いの答えを探る　フィエスタを通じた人間関係 …………………………… 28

第3章　マプーチェ医療は誰のものか　　工藤由美　31
——チリの公的医療で提供される先住民医療——

❶　問いを発見する　西洋医療以外の「医療」を考える ………………………… 31

❷　問いを調べる　公的医療にマプーチェ医療が組み込まれること …………… 32

❸　調べたことを考察する　それぞれの立場からの考察 ………………………… 38

❹　問いの答えを探る　マプーチェ医療は誰のものか …………………………… 41

第Ⅱ部
多文化主義の推進 1 ——国家との衝突——

第4章　メキシコのサパティスタはなぜ武装蜂起したのか　　石黒　馨　47
——多民族の共生社会に向けて——

❶　問いを発見する　国家に向けられた銃口 …………………………………… 47

2 問いを調べる　チアパス先住民の抑圧と武装蜂起 ……………………………… *49*

3 調べたことを考察する　先住民の権利回復を求めて ……………………… *54*

4 問いの答えを探る　多民族の共生は可能か ………………………………… *57*

第5章　なぜアマゾニア先住民は運河開発に反対なのか　　神崎隼人 *61*
　　　　──多元世界に向けた運動──

1 問いを発見する　なぜ先住民は運河開発に反対したか ………………… *61*

2 問いを調べる　シピボの人々と川の関わりから ………………………… *62*

3 調べたことを考察する　問題が環境だけではなかったら ……………… *67*

4 問いの答えを探る　多元世界を創るには ………………………………… *71*

第6章　先住民世界への軍事介入は正当化されるのか　　村川　淳 *75*
　　　　──ペルー・アマゾン環境政策のひずみを考える──

1 問いを発見する　軍事介入に揺れる先住民社会 ………………………… *75*

2 問いを調べる　先住民の歩みと違法金採掘問題 ………………………… *76*

3 調べたことを考察する　アマゾン法制とその矛盾 ……………………… *81*

4 問いの答えを探る　軍事介入の前に ……………………………………… *85*

第Ⅲ部
多文化主義の推進 2 ──生存戦略──

第7章　コミュニティ参加型ツーリズムは先住民を救うか　　福間真央 *91*
　　　　──メキシコ先住民クミアイの挑戦──

1 問いを発見する　観光と先住民 …………………………………………… *91*

2 問いを調べる　先住民クミアイコミュニティの観光化 ………………… *92*

3 調べたことを考察する　CBTをめぐる議論 …………………………… *96*

4 問いの答えを探る　先住民コミュニティにおける持続可能な観光とは ……… *102*

第8章　コスタリカの先住民居住区になぜホテルが
できたのか　　額田有美 *105*
　　　　──今「先住民ツーリズム」に期待されること──

1 問いを発見する　観光（ツーリズム）と先住民居住区 ………………… *105*

2 問いを調べる　ホテル・ディウワク誕生の背景と現状 ………………… *107*

3 調べたことを考察する　経済的価値以上の「何か」とは ……………… *113*

4 問いの答えを探る　持続的な先住民ツーリズムを目指して …………… *116*

目　次　vii

第9章　ペルーの日系移民はどのような生存戦略を
###　　　 とってきたのか　　　　　　　　　　　　　　　　佐久本義生　119
――沖縄系コミュニティの苦難と連帯――

1 問いを発見する　沖縄に集う世界のウチナーンチュ …………………………… 119

2 問いを調べる　日系移民が直面した困難とは ………………………………………… 120

3 調べたことを考察する　相互扶助とコミュニティ構築にむけた戦略 ……… 125

4 問いの答えを探る　ペルーの日系移民の生存戦略 ……………………………… 129

第Ⅳ部
同化主義からの決別

第10章　なぜブラジルに人種差別が存在するのか　　　　　中西光一　135
――黒人の排除と差別の構造――

1 問いを発見する　ブラジルの人種差別 ……………………………………………………… 135

2 問いを調べる　ブラジルにおける人種差別の実態 …………………………………… 137

3 調べたことを考察する　人種差別の歴史と共生社会への道 ………………… 141

4 問いの答えを探る　黒人の排除と差別の構造 ………………………………………… 145

第11章　ウルグアイ先住民に何が起きたのか　　　　　　　中沢知史　149
――消された歴史と国民アイデンティティ――

1 問いを発見する　ウルグアイと先住民 ………………………………………………………… 149

2 問いを調べる　先住民消去の歴史 ……………………………………………………………… 151

3 調べたことを考察する　入植者植民地主義，ジェノサイド，移行期正義 ……… 155

4 問いの答えを探る　多民族共生の条件としての国民アイデンティティ ……… 159

第12章　米国への移民はなぜ反対されるのか　　　　　　　石黒　馨　163
――メキシコ系移民の排除と包摂――

1 問いを発見する　国境の壁とメキシコ系移民 ………………………………………… 163

2 問いを調べる　メキシコ系移民排除の実態 ……………………………………………… 164

3 調べたことを考察する　米国の移民政策と非正規移民の役割 ……………… 169

4 問いの答えを探る　能力主義と調整弁による移民の排除と包摂 ………… 174

索　　引　（177）

第Ⅰ部
多文化の共生に向けて

第1章

日系ブラジル人は日本社会に包摂されているか
──子どもたちの教育問題から考える──

大川ヘナン

1 問いを発見する
日系ブラジル人とは誰なのか

　ラテンアメリカに関する議論は地球の裏側の遠い国々の話のように聞こえるかもしれない．日本とは異なる文化や社会の話を身近に感じることは難しい．そこで本章では「教育」という身近なテーマをもとに，日系ブラジル人の子どもたちの教育問題を取り扱っていく．ここでの内容は地球の裏側で起きている出来事ではなく，皆さんのすぐそばで起きている問題である．それは本章の筆者である「私」自身も経験した問題である．

　本章では筆者もその当事者である日系ブラジル人にフォーカスし議論を進めていく．筆者は**日系ブラジル人**3世かつ**在日ブラジル人**2世である．筆者がこれまでの人生で直面した経験や，筆者を含め多くの日系ブラジル人が抱えている教育の問題について考察する．本章の対象は，「かれら」日系ブラジル人ではなく，筆者を含めた「私たち」日系ブラジル人である．

　本章には重要なキーワードがある．それは「**日系人**」である．筆者自身も「日系3世」「在日ブラジル人2世」と使い分けたように，これらのカテゴリーは似ているようで異なる．在日ブラジル人の多くは「日系」であるが，全員が日系というわけではない．「日系人」とは日本人の先祖を持っている人々のことを指す．筆者の場合には，母方の祖父が日本人である．日本人が海外に渡り始めたのは明治維新前の1868年だと言われている．世界各国の日本人の子孫が「日系人」である．そして，もっとも大きな日系コミュニティを有しているのがブラジルである．

　ここで，基礎的なデータを確認しよう．出入国在留管理庁によると，2022年末時点で日本国内にいる在日ブラジル人の人口は20万9430人であり，中国，ベトナム，韓国，フィリピンに続いて5番目に多い．図1-1を見ると，

図 1-1　在日ブラジル人の人口推移
出所：出入国在留管理庁の資料より筆者作成．

日本における在日ブラジル人の人口推移を確認することができる．

　図 1-1 からわかるように，ブラジル人の来日が急増したのは 1988 年以降である．この増加は，1989 年に**出入国管理及び難民認定法**（以下，入管法）が改定されたことが契機になっている．1990 年代，日本では製造業を中心に労働力が不足し，一方ブラジルではインフレと財政危機によって国民の生活は疲弊していた．1990 年以降の在日ブラジル人の急増は，日本とブラジルの両国の経済事情が重なったものである．

　在日ブラジル人が他の在留外国人と異なるのは，その 9 割以上が**身分に基づく在留資格**という点である．身分に基づく在留資格とは，留学や技能実習または特定技能といった「活動に基づく在留資格」とは異なり，活動に制限がない在留資格である．しかし，厚生労働省のデータによると，在日ブラジル人の 52.8％が派遣や業務請負などの間接雇用によって職を得ている．さらに，在日ブラジル人の 39.3％が製造業で雇用されている．このような間接雇用と製造業に偏った雇用形態は，景気変動に影響を受けるという脆弱性を抱えている．図 1-1 で分かるように，2008 年のリーマンショックによる日本の景気後退によって在日ブラジル人は大きく減少した．

> **ワーク 1**
> 　日系ブラジル人の人口推移には，どのような要因が影響しているだろうか．

2 問いを調べる
子どもたちはどのような困難を経験しているのか

　日系ブラジル人の子どもたちの困難について，これまでの研究で指摘されてきた以下の6つの点（志水，2008）から調べてみよう．1）言語と適応，2）学力と進学，3）不就学とアイデンティティ．

2.1　最初に直面する困難——言語と適応

　日系ブラジル人の子どもたちは「日系」という名称がついていることによって，日本語に問題がないような印象を受けるが，実際はそうではない．文部科学省が調査している「**日本語指導が必要な児童生徒**」では，2022年時点で日本語指導が必要な外国籍および日本国籍の人数は合計4万7619人である．言語別に見ると最も日本語指導を必要としているのは，ポルトガル語話者の1万1956人である．筆者の経験でも言語は大きな問題であった．

　ここで重要なのは，「社会生活言語能力」と「学習思考言語能」の違いである（太田，2000）．日々の生活で使う社会生活言語能力は1〜2年で習得することができるが，学習を理解するのに必要な学習思考言語能力は5〜7年かかると言われている．

　漢字文化圏以外の出身の子どもたちの多くは，最初に漢字でつまずく．アルファベット文化圏の出身者は，表音文字と表意文字の違いから学ぶ必要がある．しかし，日本の教員養成課程では，外国ルーツの子どもたちに日本語をどのように教えれば良いのかについて訓練を受けない．そのため，現場の教員は，子どもたちの学習を手探りで進めていくしかない．

　筆者も，はじめて日本の公立学校に通うことになったとき，日本語の学習は大きな障壁であった．当事者としての経験を読者に理解してもらうために，筆者自身の経験をエッセイという形で示していく．以下のエッセイは筆者が日本語学習に苦労した経験である．

6　第Ⅰ部　多文化の共生に向けて

エッセイ 1「言語」

> 　私は，学年が上がるにつれて，わからないことが増えていった．わからない漢字が増え，わからない言葉が増えた．時には宿題があることさえわからなかった．宿題をやってこなかった人の名前が黒板に書かれ，私の名前が常にそこにあったが，私は自分の名前がそこに書かれている理由がわからなかった．そして，気にもしなかった．先生を含めて誰も私に何も言わなければ，私も誰にも聞くことがなかった．

　言葉ができないことで，他にも様々なところに影響が出る．その1つが**適応**である．日々の生活において，ブラジルと日本では様々な違いがある．日系ブラジル人の子どもたちの日本社会への適応で問題になるのは，日本の学校の**同化主義**である．太田（2000）によれば，日本の学校は奪文化化の機関であり，学校では日本人と同じ振る舞いや言動が求められる．日系ブラジル人の子どもたちは，学校生活でブラジル人に固有の文化や言語および習慣を奪われる．子どもたちは，言語的な困難を抱える中で，その文化も奪われていく．

2.2　将来の可能性に直結する困難——学力と進学

　学力と進学の困難は，言語と適応と比べるとより不透明な形で子どもたちの目の前に現れる．なぜなら，社会生活言語能力を身につけた子どもたちは，一見すると日本国籍の子どもたちと同じように見え，何も困難を抱えていないように見えるからである．ここには，学習思考言語能力の問題が隠れている．

　学力と**進学**の問題は関連している．学力が低いと，高校・大学への進学ができないからである．日本では高校進学率は100％に近く，大学進学率も50％を超えている．日本では，高校・大学を卒業することは将来的に職業や所得に大きな影響を与える．しかし，高校・大学への進学は，日本では適格者主義と言われる学力試験に合格した者しかできない．

　日系ブラジル人の子どもたちにとって高校・大学への進学は，日本で生活するためには重要な問題である．日系ブラジル人の子どもたちの高校進学率は，他の国籍の子どもたちと比較して低いことが指摘されてきたが，近年の調査では，8割近くまで上昇し改善されている．

　しかし，大学進学率に目を向けると，依然として大きな格差がある．樋口・稲葉（2023）の試算によると，日本国籍の若者たちの大学進学率が6割を超え

る中で，ブラジル籍の若者たちは3割に届かない．この相違は，単なる学力不足や意欲の欠如と割り切ることはできない．それは，筆者自身の経験からくる実感である．筆者も大学進学を試みたが，一度失敗した経験がある．次のエッセイからその経験を振り返っていきたい．

エッセイ2「進学」

> 最初は，私は大学に進学ができなかった．私の高校は偏差値が低かったが，私の成績はその高校の上位の方にあった．しかし，私よりも勉強ができない友人や不真面目な友人たちの進学先を決める一方で，私は取り残される感覚を味わうことになった．その原因の1つは「お金」であった．母は私の進学のためにお金を使うつもりはなく，進学に関しては自分一人ですべてをやらなければならなかった．学費免除の大学も探したが，学力試験でそのような大学に合格できるほどの学力はなかった．それでも私はいくつかの学費免除を受けられる大学を受験したが，その結果は，ただただ「お前は無理だ」と突きつけられただけだった．

筆者の経験から言えるのは，高校内では上位にいても，広い進学競争の中では私の学力は不足していたということである．そして私は大学進学において，親に頼ることもできず，一人で苦悶していた．

高校や大学への進学の問題では，本人の学力以外に，様々な困難が外国ルーツの子どもたちを襲う．その1つは，金銭を含めた**家族の支援**の問題である．親が支援をしたくても，祖国との教育制度の違いや情報不足によって支援ができない場合がある．もう1つは，**学校側の問題**である．外国ルーツの子どもたちを支援する高校や大学の体制が整ってない場合が多い．そのような場合には，子どもたちは一人で進学という荒波に挑まなければならなくなる．

2.3 存在を揺るがす困難——不就学とアイデンティティ

最後に，不就学とアイデンティティの問題がある．筆者自身は幸いなことに不就学は経験していない．しかし，大きな問題であることは間違いない．そして，アイデンティティは，日系ブラジル人の子どもたちに限らず，多くの外国ルーツの子どもたちが直面する問題である．

まずは**不就学**の問題から見ていこう．不就学とは学校に通っていない状況を指す．「不就学」は「不登校」とは異なる．義務教育課程にある子どもたち

は，普通はどこかの学校に在籍している．しかし「不就学」は，どこの学校にも在籍をしておらず，学ぶ権利が保障されていない状態である．

外国ルーツの子どもたちの不就学の問題は従来から指摘されてきた（宮島・太田，2005）．日本では，子どもたちには教育を受ける権利があり，保護者には教育を受けさせる義務がある．日本籍の子どもが不就学状態の場合には，その保護者が学校教育法によって罰せられる．しかし，残念ながら2024年現在，外国籍の子どもたちの学ぶ権利は保障されていない．

2019年に，文部科学省ははじめて不就学調査を実施した．この調査によって，1万9471人もの子どもたちが不就学状態にあることが明らかになった．この人数は，外国籍児童生徒のおよそ17％である．その後不就学調査は継続され，2022年に1万46人，2023年に8183人と減少しているが，依然として8000人以上の子どもたちの教育が保障されていない．不就学によって教育を受けられないと，子どもたちの将来が狭められることは容易に想像できるだろう．

アイデンティティの問題は，不就学問題と比べより個人の内面に関わる問題である．この問題は，周りからは見ることができず，そして不就学のように人数にして表すことも難しい．アイデンティティの問題は，日系ブラジル人の子どもたちに固有の問題ではないが，かれらは他のエスニシティの子どもたちとは異なる特徴を持っている．それは既に触れた「**日系人**」というバックグラウンドである．

なぜ日系人のバックグラウンドが問題なのだろうか．それは，子どもたちはブラジルでは「日本人」扱いされるのに対して，日本では「ブラジル人」扱い

エッセイ 3「アイデンティティ」

日系人コミュニティのイベントには，多くの若者向けのイベントが行われていた．私もいくつかに参加したが，それは楽しいものばかりではなかった．ブラジルにいる日系人の若者は日本への憧れが強く，幻想のような日本像を持っていた．彼らは日本に近づくために和太鼓を習ったり，日本のアニメや漫画を鑑賞したり，自分たちの日本人アイデンティティに誇りを持っていた．しかし私は，日本で失敗したブラジル人である．かれらの抱く憧れの対象には一歩も近づくことができなかったブラジル人である．そしてかれらは何よりも日本人に憧れるブラジル人である．私はブラジル人にも日本人にもなれない中途半端な存在であった．だから，かれらと一緒にいるのが辛かった．

第1章　日系ブラジル人は日本社会に包摂されているか　9

されるからである．ブラジルでは，日系人はモデルマイノリティとして様々な
方面で一目を置かれる存在である．ブラジルでは賞賛の対象とされる日系人
も，来日すると出稼ぎ労働者の一人として扱われる．このような2つの国の
間で「自分は一体何者なのか」という葛藤が，**アイデンティティ・クライシス**
につながることがある．ここでも当事者である筆者のエッセイを共有しよう．
このエッセイは高校卒業後に日本で大学進学できず，ブラジルへ帰国し，そこ
で日系ブラジル人のイベントに参加したときの心情である．

　ブラジルでも日本でも疎外感を感じることは，世界のどこにも私の居場所が
ないということである．しかし，ブラジルも日本も，私のような存在に対して
優しく手を差し伸べてくれるかというと，必ずしもそうではない．

> **ワーク2**
>
> 　日系ブラジル人の子どもたちの6つの困難の中で，どの困難が特に注
> 目すべきだろうか．その困難を乗り越えるためには，どのような対策が必
> 要だろうか．

3 調べたことを考察する 日本社会は子どもたちを包摂できるのか

　ここでは，日系ブラジル人の子どもたちが直面する困難を改善するための対
策について検討しよう．ただし，ここで紹介するのは先進的な取り組みであ
り，日本全国の自治体や学校で行われているものではない．日本は建前上「移
民」を受け入れていないので，「移民政策」がない．その結果，全国的な支援
システムはなく，自治体や学校がそれぞれの努力によって子どもたちを支えて
いる．そのため，自治体や学校が実施している内容には相違がある．

　以下では，日系ブラジル人の子どもたちの困難に対して，どのような対策が
実施されているのかについて，1）言語と適応，2）学力と進学，3）不就学と
アイデンティティの順で考察しよう．

3.1　最初の一歩を乗り越える——言語と適応

　子どもたちの言語と適応の困難に対する対策の1つは**日本語初期支援教室**
である．外国人住民が集住している地域では，外国ルーツの子どもたちが直接

学校に編入したとしても，彼らは言語や文化の違いによる困難に直面することになる．それを回避するために初期支援教室で学んだ後に，それぞれの学校に編入をするという対策がとられている．

日系ブラジル人の子どもたちは，この教室で日本語の学ぶところから始めることになる．日常の挨拶から始まり，ひらがなやカタカナ，そして漢字へと，かれらの学びは進む．この教室では，単に言語を学ぶだけではなく，日本の学校文化や独自の活動についても学習する．

日本語初期支援教室と同じように存在感を示しているのが**プレスクール**である．外国人の親に育てられた子どもたちは，小学校入学後にはじめて日本文化に触れる場合がある．そのため，仮に日本生まれであっても，日本語を十全に扱うことができなかったり，日本文化に馴染んでいなかったりする子どもも存在する．そのような子どもたちのために，プレスクールで小学校入学に向けた適応を行っていくのである．

日本語初期指導教室やプレスクールは重要な取り組みであるが，これらの取り組みは自治体によって地域格差がある．外国人住民が多い地域では積極的に取り組まれているが，外国人住民の少ない地域ではまったく支援がない場合もある．そのような場合には，親たちや子どもたちは自分たちで困難を乗り越えなければならない．このような地域格差を解消するためには，全国的で体系的な支援を構築する必要がある．

3.2 可能性を広げる取り組み──学力と進学

学力と進学の問題は不透明な形で子どもたちに困難をもたらす．社会生活言語能力を身につけた子どもたちは一見すると問題がないように見える．しかし，学習思考言語能力が身についていない子どもたちは，勉学についていくことができない．そのような目に見えない重りをつけた状態で進学競争に競り勝つことは難しい．ここでは，そのような子どもたちの学力と進学の問題に取り組んでいる「特別枠高校」について見てみよう．

特別枠高校（または**枠校**）（山本・榎井，2023）とは，外国ルーツの生徒のために入試枠を設けている高校である．以下では大阪府の事例を紹介するが，このような枠校は大阪以外にもある．神奈川県では在県校，東京都では在京校という名称で類似した取り組みがある．ただこれらの取り組みはそれぞれの自治体の取り組みであり，制度の立ち上がりにはそれぞれ異なる背景や歴史がある．

2024年現在，大阪府には8つの枠校がある．

　枠校の特徴はいくつかある．その1つが，外国ルーツ生徒に対する**特別入試枠**である．特別入試枠の正式名称は「日本語指導が必要な帰国生徒・外国人生徒入学者選抜」である．日本では高校は適格者主義に基づいて，試験に合格した者のみが入学を許される．一般入試は，言語的なハンデを抱える外国ルーツ生徒であったとしても，日本人生徒と同じ試験を受けることになる．

　しかし，枠校の入試では，外国ルーツ生徒に対して試験科目が数学・英語・作文に絞られていたり，作文では母語の使用を認められたりする．ただし，特別枠校入試を利用するには制限もある．それは，原則小学校4年生以上の学年に編入した者が対象だからである．そのため，日本生まれや幼少期から日本で暮らしている外国ルーツ生徒は特別枠の対象外とされる．

　枠校では，特別入試枠だけではなく，外国ルーツの生徒たちが入学後も適切に学べるように外国ルーツ生徒を支援するためのカリキュラムが用意されている．例えば，日本語の授業を設けたり，一般教科で**抽出授業**（特定の生徒に対する授業）を行ったりしている．大阪府独自の取り組みとして母語・母文化の授業もある．筆者は母語教員として働いた経験があり，その時は一人の日系ブラジル人の生徒のために授業を実施していた．

　枠校のもう1つの特徴は大学への**進学率**である．一般的な高校では，外国ルーツ生徒と日本人生徒では進学率に大きな差がある．大阪府の枠校では，外国ルーツ生徒の進学率は日本人生徒に近い約5割であり（山本・榎井，2023），大学進学という点で大きな成果を示している．大阪府はブラジル人の人口が少なく，単純な比較はできないが，体系的な支援制度によって大きな効果が得られているように思われる．

　枠校は，外国ルーツ生徒の学力や進学の面で大きな成果を示しているが，課題も存在する．1つは，枠校となっている高校の多くが**教育困難校**と言われる学校であることである．そのため，課題を抱える日本人生徒が多く在籍しているので，そのような高校は，勉学に励みたい外国ルーツ生徒たちにとって最良の場とはなっていない場合もある．

　もう1つの課題は，自治体による地域格差が存在することである．これは枠校自体の問題ではなく，日本の教育制度の問題である．2024年現在，47都道府県中22府県しか全日制高校に特別入試枠を用意していない．そのため，外国ルーツの子どもたちは，住む地域によって高校での教育支援を受けられる

か否かが決まる.

3.3 存在を認めてくれる社会へ──不就学とアイデンティティ

　最後に，不就学とアイデンティティの問題についてみてみよう．この2つの問題が，日系ブラジル人の子どもたちにとって最も難しい問題であると筆者は考えている．

　不就学については，2024年現在も日本政府は外国籍児童に対して教育を受ける権利を認めていない．そのため，現在子どもたちが学校に通えるのは，子どもたちの「権利」によってではなく，学校による「恩恵」によってである．不就学問題は，日本政府の政策が変われば解消される問題であるが，依然としてそのような状況はない．そして，アイデンティティの問題も複雑である．なぜなら，個々人の内面に関する問題であり，すべての子どもたちに対して有効な対策を打ち出すことは困難であるからである．これらの難しい問題に対していくつかの対策を紹介しよう．

　最初に，**不就学**の問題から見ていこう．2021年度の不就学の子どもたちの人数は，最初に不就学調査が実施された2019年と比較すると減少している．しかし，ここには地域格差が存在することを指摘しておきたい．文部科学省の不就学調査において，それぞれの自治体で外国人が住民登録を行う際に，すべての者に対して就学案内を実施しているかという質問に対して，55.8％の自治体しか就学案内を実施していない．就学案内を行なっていると回答した自治体についてみると，2021年度は2019年度と大きな変化はない．

　またそれぞれの自治体で就学ガイドブック等の資料を配布しているかという質問に対しては，19.4％の自治体しか実施しておらず，これも2019年度とほぼ同じである．つまり，住民登録時の就学案内や就学ガイドブック等の配布には，地域格差がある．不就学問題についてある程度の改善は見られたが，すべての自治体で同様の努力が行われているわけではないのである．

　次に，**アイデンティティ**の問題を見ていこう．この問題に対する対策として，エスニック・スクールを紹介しよう．**エスニック・スクール**とは，日本にある外国人学校のことである．外国人学校の1つにブラジル学校がある．**ブラジル学校**とは，入管法改正により来日したブラジル人たちの集住地域で運営される学校である．

　ブラジル学校は，ブラジルへ帰国する子どもたちのために作られた学校であ

り，そこではブラジル本国と同じ教育が日本でも行われる．そのため，子どもたちは学習面で困難を経験することはない．またブラジル学校では子どもたちは，ブラジル文化を全面に出しても外国人扱いをされることなく受け入れられる．同じ環境の日系ブラジル人の子どもたちが共に過ごすため，自分たちのアイデンティティについて友人といっしょに模索することもできる．そのような点において，ブラジル学校は日系ブラジル人の子どもたちのアイデンティティを養う場になっていると考えられる．

しかし，このブラジル学校にも課題は存在する．1つは制度的な問題である．ブラジル学校は日本の学校教育法第一条に則っていないため，行政から学校として認定されていない．そのため，一般的な学校が受けることができる税制面の優遇や補助金を利用することができない．このような背景からブラジル学校をはじめとする多くの外国人学校は経営的には厳しい状況にある．

もう1つの課題は，ブラジル学校がブラジルと同じ教育を実施していることから生じる問題である．子どもたちは，日本社会で生きるための日本語能力や日本の常識について，限定的にしか習得できない．子どもたちが全員ブラジルへ帰国すれば問題はないが，現状では多くの子どもたちは卒業後も引き続き日本で生活している．そのため，卒業後に様々な面で不利になる．

さらに，他の対策と同様に，ブラジル学校はブラジル人集住地域に集まっているため，ここでも地域格差の問題が現れる．

ワーク3

日系ブラジル人の子どもたちの6つの困難に対する対策の課題として，地域格差の問題がある．なぜこのような地域格差が生まれるのだろうか．

---

4 問いの答えを探る
国境を越えて生きる世代

「日系ブラジル人の子どもたちは日本社会に包摂されているか」という最初の問いを改めて振り返ってみよう．まずは，それぞれの節でどのような議論がなされたのかを確認しよう．

第1節では，日系ブラジル人の日本社会での立ち位置について基礎的な行政資料をもとに検討を行った．在日ブラジル人は，人口的に見ると日本国内に

おいて5番目に多い外国人住民であり，2024年現在は20万人程のブラジル人が日本に暮らしている．在日ブラジル人は，1990年の入管法改正をきっかけに爆発的に増加し，2008年のリーマンショックによる不景気を契機に減少したものの，その後，徐々に増えている．日系ブラジル人は，日本とつながる固有の歴史を持っているが，現在は脆弱な雇用環境におかれている．

第2節では，日系ブラジル人をはじめとする多くの外国ルーツの子どもたちが抱える困難について，「言語」「適応」「学力」「進学」「不就学」「アイデンティティ」という6つの点から検討した．その際に，筆者の経験を参照しながら，日本社会を生きる日系ブラジル人がどのような困難に直面しているかを見てきた．それらの多くの困難は，それぞれが個別に存在しているのではなく，互いに複雑に絡み合いながら存在していることに留意すべきである．

第3節では，日系ブラジル人の子どもたちの困難に対して，どのような対策がとられているのかという点について検討した．それぞれの困難に対して様々な対策がとられているが，それらの対策に共通する課題は「地域格差」である．それぞれの課題に対して積極的に取り組んでいる地域もあれば，そうでない地域もある．その結果，行政の支援や援助を受けられる者とそうでない者との間に格差が現れる．そのような格差の根本的な原因は，日本政府が日本には「移民」が存在しないという姿勢をとっているからである．

最後に，「日本は私たちを包摂しているか」という問いへの筆者の返答である．当事者の私の目線から見ると，日本という国は必ずしも諸手を挙げて私たちを歓迎しているようには感じられない．

私たち日系ブラジル人が生きている地域には，私たちの困難に対して真剣に考え，共に乗り越えようする隣人がいることも事実である．しかし，そのような隣人に出会うことができるのかどうかは，運次第のところがある．たまたまよい地域で働くことができた．たまたま取り組みのしっかりした学校に入学できた．たまたま支援団体を見つけることができた．そのような運任せの状態を社会による包摂と認識することは難しい．

本章の問いの答えとして，当事者の私が提示できるのは，「包摂をしようとしてくれる人もいる．ただ，今なお道なかば」というものである．日系ブラジル人の存在は，日本人とブラジル人のそれぞれの文化の相互作用の結晶である．私たちが両国でうまく包摂されるかどうかは，両者の共生社会を創る上できわめて重要な点になるだろう．

第1章　日系ブラジル人は日本社会に包摂されているか　　15

ワーク4

　日系ブラジル人を含む外国ルーツの子どもたちが日本社会により包摂されるためには，どのような取り組みが必要だろうか．

キーワード ・・・

外国ルーツの子どもたち：教育現場において「外国ルーツの子どもたち」もしくは「外国につながる子どもたち」と呼ばれる子どもたちがいる．親は外国籍であるが，子どもたちは日本生まれ，日本育ち，そして場合によって日本語しか話せない子どももいる．これらの子どもを一方的に「外国人」とカテゴリー分けできないことから生まれた言葉である．

社会生活言語能力と学習思考言語能力：これらの区別はカナダの言語学者であるカミンズの研究をもとにした議論である．日本語取得のために「母語禁止」としてきた学校もあるが，現在では母語が確立していることが第二言語の獲得を助けと考えられており，母語教育の重要性が指摘されている．

不就学：不就学は他の先進諸国では観測されない現象である．なぜなら，それらの諸国では国籍に関係なく義務教育が保障されているからである．日本はユニセフの「子どもの権利条約」を批准しているが，いまだに外国籍児童生徒が教育を受ける権利を保障していない．

ブックガイド ・・・

太田晴雄（2000）『ニューカマーの子どもと日本の学校』国際書院．外国ルーツの子どもたちの初期の研究であり，日本の学校文化について学ぶことができる．

志水宏吉編（2008）『高校を生きるニューカマー——大阪府立高校にみる教育支援』明石書店．外国ルーツの生徒たちが抱える課題を示しながら，特別枠高校の教育支援を紹介している．

樋口直人・稲葉奈々子編（2023）『ニューカマーの世代交代——日本における移民2世の時代』明石書店．日本における移民2世の学校後の軌跡を多角的な視点から考察している．

宮島喬・太田晴雄編（2005）『外国人の子どもと日本の教育——不就学問題と多文化共生の課題』東京大学出版会．日本の教育システムが直面するさまざまな課題に焦点を当て，不就学や多文化共生といったテーマについて議論している．

山本晃輔・榎井縁編（2023）『外国人生徒と共に歩む大阪の高校——学校文化の変容と卒業生のライフコース』明石書店．大阪における特別枠高校における取り組みや成果について学ぶことができる．

ワークシート

ワーク 1

日系ブラジル人の人口推移には，どのような要因が影響しているだろうか．

ワーク 2

　日系ブラジル人の子どもたちの 6 つの困難の中で，どの困難が特に注目すべきだろうか．その困難を乗り越えるためには，どのような対策が必要だろうか．

ワーク 3

　日系ブラジル人の子どもたちの 6 つの困難に対する対策の課題として，地域格差の問題がある．なぜこのような地域格差が生まれるのだろうか．

ワーク 4

　日系ブラジル人を含む外国ルーツの子どもたちが日本社会により包摂されるためには，どのような取り組みが必要だろうか．

第2章 コンパドラスゴは何のためか
―― メキシコ先住民のフィエスタを通じた人間関係 ――

山内 熱人

1 問いを発見する
メキシコ農村におけるフィエスタ

　メキシコの農村部には，コンパドラスゴという人間関係が存在する．この関係は，祝祭や人生儀礼（人生のある段階から次の段階に至る際に行う儀礼），彼らの言葉で言うところのフィエスタを契機に結ばれる．このコンパドラスゴは何のためにあるのだろうか．

　筆者が長年訪れてきた調査地は，オアハカ州の州都であるオアハカ市（図2-1を参照）から車で南へ約30分程度の場所に位置する．

図2-1　メキシコの調査地

出所：筆者作成．

この調査地は 2020 年現在，人口 4105 人，1291 世帯，面積は 4.66 ㎢で，その 92 ％が農地であり，スペイン語が浸透している．住民はサポテコという**先住民**と自認しており，9 割以上がカトリック教徒である．一般に先住民という言葉のイメージとは異なり，都会である州都オアハカ市へのアクセスがよく，電気や水道がほとんどの世帯に普及し，現代的な生活を送っている．

メキシコは 16 世紀から 19 世紀にかけてスペインに植民地化され，植民地期の宣教師による布教によって大半が**カトリック教徒**である．メキシコは先住民の人口が多かったために現在でも先住民をルーツとする人々が多数派を占めている．メキシコでは先住民と入植した白人との間の混血が進み，そういった人々はメスティソと呼ばれる．現在のメキシコにおいて先住民とメスティソを区別することは難しいが，**メスティソ**とは，一般的には先住民にルーツのある人々のうち，スペイン的で西洋的な生活文化を身に着けている人々である．

しかし，先住民と呼ばれる人々も，現在では多くはスペイン文化やカトリック文化の影響を強く受けており，ほとんどが先住民言語だけでなくスペイン語を使用する．本章で取り扱うフィエスタやコンパドラスゴは，植民地化以前からの**先住民の習俗**と植民地化以後に流入したスペインの民俗文化や**カトリック文化**が混淆し融合して成立し，維持されてきたものである．

フィエスタは，一般的には祝祭や祭りとして訳されるが，幅広いものが含まれる．例えば，知人同士で飲食を行う私的な宴会，洗礼や結婚式などの儀礼，クリスマスのような年中行事や共同体の祝祭などである．調査地（以下，仮名でサントス村とする）で行われるフィエスタを大別すると，共同体の祭りとしての守護聖人の祭りやその他の聖人の祭り，クリスマスやカーニバルなどのカトリックの祭り，そして独立記念日などの国家的祝祭や学校行事などがある．個人の祭りとしては，カトリックの人生儀礼であるサクラメント，誕生祝，キンセアーニョスといわれる女児の 15 歳の誕生祝，各学校の卒業式，そして新築や新車の購入などといった様々なお祝いごとがある．

キリスト教カトリックの**人生儀礼**はいくつかあるが，中でも代表的なものが以下の 7 つの**サクラメント**（秘跡）である．①洗礼（入信儀礼で，普通，乳幼児に対して行う），②堅信（10 代になって入信の確認を行う儀礼），③聖体（日曜礼拝後にキリストの血と肉を表す葡萄酒とパンを分かち合う儀礼で，その最初の機会が初聖体拝領と言われる通過儀礼），④結婚，⑤ゆるし（教会で行われる告解とそれに対するゆるしの儀礼），⑥病者の塗油（司祭の行う病者や臨終者への儀礼），⑦叙階（聖職者の任命）．

サントス村ではこのうち，①洗礼，②堅信，③初聖体拝領，④結婚の4つが特に重要視されており，これらすべてを済ましていることが完全な**カトリック教徒**になるための必要条件である．堅信と初聖体拝領を行うには洗礼が必要であり，教会婚をするには洗礼，堅信，初聖体拝領を済ましている必要がある．親は子に洗礼，堅信，初聖体拝領の3つの儀礼を通過させる義務を負う．

これらの儀礼の立会人と，その儀礼を受ける子どもの実親とが結ぶ関係こそが**コンパドラスゴ**の関係である．本来的には，コンパドラスゴは洗礼や堅信などのカトリックの人生儀礼に伴って結ばれる関係であるが，サントス村では，フィエスタと呼ばれるあらゆる機会にこの関係が結ばれている．

ワーク1

サントス村で行われるフィエスタにはどのようなものがあるだろうか．

---

2 問いを調べる コンパドラスゴの実態

ここでは最初に，コンパドラスゴの関係が結ばれる契機となる代表的なフィエスタである洗礼の事例を紹介する．その後，コンパドラスゴの人間関係について説明し，どのような相手とこれを結ぶのかについて述べる．そして，この関係に伴う経済的負担について調べよう．

2.1 フィエスタの事例——洗礼

カトリックの人生儀礼では，それを行う個人の家庭において，沢山の招待客を巻き込んだ大規模な宴会が行われる．**洗礼**の場合には，洗礼を受ける主役（**受洗子**）がいる家で宴会が行われるだけでなく，洗礼の儀礼に立ち会う**代父母**の家でも宴会が行われる．

洗礼の儀式は正午に教会で行われる．写真2-1は，教会で洗礼を受ける様子であり，受洗子を抱く男女が実父母，それを囲んでいる男女が代父母である．洗礼を行う神父は右側に見切れている．

儀式が終わると，彼らはまず代父母側の宴会場に赴いて待機していた招待客に歓待を受け，その後，そこにいるすべての招待客と共に実父母の宴会場へ行き合流する．招待客は写真2-2のように，贈り物を持って宴会場を訪れ，受

写真 2-1　洗礼　　　　　　　　　　　　写真 2-2　招待客
出所：2006 年 3 月，山内撮影．　　　　　　出所：2006 年 3 月，山内撮影．

洗子に渡す．宴会では前日から準備していた肉料理などを共食し，ダンスなどのイベントが深夜まで続く．

　ここで紹介した洗礼のフィエスタでは，300 人規模の招待客が宴会場に集合した．そのうちの 100 人程度は代父母一家の宴会場から合流してきた出席者であり，実父母が招待した人数は 200 人程度であった．様々な機会に開かれるフィエスタのすべてがこの規模の人数を招待するわけではなく，誕生祝のような小さな宴会の場合は，より人数が絞られる（20 人から 40 人規模）．招待客の中心は親族，姻族関係，コンパドラスゴの関係を結んだ相手などである．

2.2　コンパドラスゴの関係

　コンパドラスゴは，キリスト教カトリックが信仰されている地域で広く見られるパドリナスゴ（代親制度）から二次的に派生した関係である．カトリックで非常に重要な人生儀礼である**サクラメント**（秘跡）において，その人生儀礼を受ける人物（受洗子）とそれに立ち会う代父母との間に結ばれる精神的親子関係が**パドリナスゴ**である（図 2-2 の代父母と代子の関係）．受洗子にとって代親は，男性がパドリノ，女性ならマドリナと呼ばれる．受洗子の実親とその立会人である代親との間で受洗子を媒介として結ばれる関係が**コンパドラスゴ**である（図 2-2 の実父母と代父母の間の関係）．実父母と代父母は互いを男性に対してはコンパドレ，女性に対してはコマドレと呼び合う．

　パドリナスゴやコンパドラスゴの関係が結ばれるのは，**フィエスタ**を通じてであり，本来的にはサクラメントの 7 つの機会である．サントス村では特に，①洗礼，②堅信，③初聖体拝領，④結婚の 4 つの人生儀礼が重視されている．

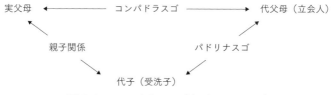

図 2-2　コンパドラスゴとパドリナスゴ

出所：筆者作成．

これらの機会以外でも，誕生祝や学校の卒業式など多くの機会でこの関係は結ばれうる．

　コンパドラスゴの関係を結ぶ相手は，膨大な人数になる場合がある．1人の個人の人生儀礼ごとにこの関係が結ばれうるので，1人の個人が複数の代親を持つことになる．これは，実親の立場からすると，コンパドラスゴの関係は子どもの数に応じて多くなるということである．また逆に，実親自身が誰かの子どものフィエスタに立ち会えば，この関係はさらに広がっていく．

　代子は代親を敬称で呼び，対面の際は積極的に挨拶し，握手することが求められる．同様に，コンパドラスゴの関係にあるもの同士も互いに敬称で呼び合い，積極的な挨拶と握手が期待される．代父母は，親が何かあった際には親代わりとなり（婚姻や性交渉の禁忌が存在する），代子の人生儀礼のイベントに参加することが，義務ではないが期待される．特に，サクラメントを通じて結んだ代子に対しては，代子が婚姻するまではその責任は重く，他の人生儀礼を伴うフィエスタへの参加，婚姻前に死亡した場合の葬儀の取り仕切りや経済的支援，結婚式への参加と経済的支援，そして豪華な贈り物が強く期待される．

2.3　誰とコンパドラスゴを結ぶか

　それでは，どのような相手とこのコンパドラスゴの関係を結ぶのだろうか．この関係の根源的な部分は代子と代親の関係（**パドリナスゴ**）であるが，この関係を結ぶ際に代子は幼いことが多く，実質的には本人ではなく実親が代親を選ぶことになる．つまり，コンパドラスゴを結ぶ相手の選定を行うのは受洗子ではなく実親である．

　この関係を結ぶのに適している相手は，貧富はそれほど重要ではなく，自身と同世代である「理想のカトリック教徒」が望ましいとされている．しかしその理想通りの相手が身近に存在するとは限らない．「理想のカトリック教徒」

とは，生活態度や人柄のよさだけでなく，カトリック教徒として洗礼と堅信の儀礼を経て，教会での教会婚をすましていることが条件と言われている．しかし，自身と同世代の相手が教会婚まですましているとは限らないので，この条件を満たす者を探すのは容易ではない．

そこで，実際には，教会婚をすましていない独身者とその異性兄弟や，教会婚をすましているかなり上の世代の相手とこの関係を結ぶこともよくある．また，サクラメントに関わらないそれほど重要ではないフィエスタであれば，カトリック教徒でない人物とこの関係を結ぶこともある．実際，独身であり異教徒である（そして，この村の人間でもない）筆者も，ある女性の依頼を受け，その子どもの小学校と中学校の卒業式に立ち会い，彼女の代父となった．とはいえ，基本的には村落内に居住し，昔からよく知っている親族関係でない仲の良い相手（通常，カトリック教徒）とこの関係を結ぶことが多い．

2.4 フィエスタへの招待と経済的負担

コンパドラスゴの関係にあるもの同士は，強い関係で結ばれ**相互支援**に加えて，**フィエスタへの招待**と訪問が期待されている．しかし，フィエスタにも重要度に差があり，すべてのフィエスタに，すべてのコンパドラスゴの関係にある相手が招待されるわけではない．フィエスタにおける招待客は，親族や姻族が最も多く，次いでコンパドラスゴの関係にある世帯である．重要なフィエスタであればあるほど，重要な関係にある相手を招待し，それほど重要でないフィエスタであれば，招待客の数も限られる．

こうして，誕生祝は小規模な人数の招待客，例えば30人程度で行われ，洗礼は大規模な人数の招待客，例えば300人程度で行われることになる．あるフィエスタを開催するときに主催者が招待しようと思う相手は，いつも招待したり，招待されたりする相手ということになり，そういった相手はある程度固定されている．

フィエスタの開催には**経済的負担**も大きい．フィエスタ好きなサントス村の人々といえども，その負担を減らす努力が必要になる．そのための方法として，フィエスタの開催数を減らしたり，あるいは1回のフィエスタの招待客を減らし規模を小さくしたりすることがある．このうちの後者に，有力な招待客候補となるコンパドラスゴが関わっている．

フィエスタの経済的負担を減らすための1つの方法は，その開催数を減ら

すことである．しかし，フィエスタを開催したり，誰かのフィエスタに参加したりすることは人間関係の輪（**社会的ネットワーク**）に入ることでもあるので，フィエスタ開催に消極的な人はそう多くない．そこで，フィエスタ開催数を減らしながら人間関係を維持するために，家族の何人かのお祝いのフィエスタを1回にまとめて行うことがある．筆者が観察した事例では，本人と妻との教会婚，息子の誕生祝と洗礼，娘の初聖体拝領を1回のフィエスタにまとめて行った者がいた．

　フィエスタの経済的負担を減らすもう1つの方法は，招待客の人数を減らすことである．招待客の範囲をごく親しい身内の範囲に絞り，フィエスタの規模を小規模なものに抑えるのである．そのために，コンパドラスゴの関係を結ぶ相手の人数を調整することが行われる．コンパドラスゴの関係を結ぶ相手は，実子の人数とその人生儀礼の数に応じて増加し，また自身が誰かの代親となることによっても増える．この関係を結ぶ相手を減らせば，フィエスタの招待客数を減らすことができる．

　コンパドラスゴの相手を減らすためには2つの方法がある．1つは親族とこの関係を結ぶことである．こうすると，フィエスタへの招待客は，親族として招待するべき相手であると同時にコンパドラスゴの関係にある相手として招待すべき相手ともなり，結果的に招待客数を減らすことができる．もう1つの方法は，複数の実子の代親を同じ人物に依頼することである．これによりコンパドラスゴの相手が集約され，その人数を減らすことができる．同様に，1人の実子が行う異なる人生儀礼に対して同じ相手に代親を頼めば，コンパドラスゴの人数を減らすことができる．

ワーク2

　フィエスタ開催の経済的負担を減らすためにどのような方法があるだろうか．

---

3 調べたことを考察する
コンパドラスゴの意義とは何か

　メキシコ農村部の人々は，フィエスタを通じて，なぜコンパドラスゴの関係（**社会的ネットワーク**）を結ぶのだろうか．この問いに対して，最初にサントス村

の人々の回答を紹介し，その後で彼らがなぜフィエスタを開催するのかを紹介する．そして，先行研究によってコンパドラスゴの関係を結ぶことにどのような意義があるのかについて考察しよう．

3.1　サントス村の人々の回答

　なぜコンパドラスゴの関係を結ぶのかという質問をサントス村の人々に直接問うと，サクラメント（特に洗礼）を行う理由について説明してくる．すなわち，洗礼とは死後の救済のための神との契約であり，洗礼を行わないと，その救済のためのリストに名前が載せられていない状態になり，死後の救済を受けることができなくなる．洗礼が行われていない人間などまったく想像ができない，それは悪魔のような存在であるから，お前（筆者）も必ず洗礼を受けるべきである，と．

　このような回答が得られるのは，彼らにとって，コンパドラスゴの関係を結ぶ理由というのは，サクラメントを行う理由に等しいことを意味しているからである．つまり，コンパドラスゴの関係を結ぶということは，サクラメントを行うということに付随する，あるいはそれに含まれる当然の出来事であり，その両者の結びつきは切り離せないのである．そして，サクラメントは必ず行わなければならないものあるので，コンパドラスゴの関係も結ばなければならないものなのである．

　しかし，前節で見たように，多くの相手とコンパドラスゴの関係を結ぶことは経済的負担を伴う．サクラメントを行うことは必須であるが，その経済的負担を減らすために，サクラメントに伴うフィエスタを集約しその回数を減らしたり，コンパドラスゴの関係を結ぶ相手の人数を減らすことで1回のフィエスタに呼ぶ招待客の数を減らしたりしている．つまり，彼ら自身もその経済的負担を自覚しているのである．それでは，なぜそれほどの経済的負担を伴うフィエスタを開催し，コンパドラスゴの関係を結ぶのだろうか．

3.2　フィエスタ開催への期待

　サクラメントの本質的な部分は教会で行われる儀礼であり，神父と受洗子（代子），その実父母と代父母がいれば成立する．したがって，**サクラメントを行うことが絶対に必要であり，そこでコンパドラスゴの関係が結ばれることも必然であるとしても，その後に行われる多くの招待客を呼んで開催される宴会**

は，絶対に必要というわけではない．そして宴会さえなければ，サクラメントそのものにはそれほどの費用は掛からず，コンパドラスゴの関係を維持することに伴う経済的負担も減るはずである．実際，教会での洗礼の儀礼のみを行ってその後の宴会が行われなかった事例を一度だけ，筆者は観察している．それは珍しいことではあるが，許されないわけではない．

しかし，経済的負担があるにしてもサクラメントを行った際に宴会を開くということ自体もまた，彼らにとっては当然のものと見なされている．既に述べたように，宴会を開く機会はサクラメントだけに留まらず，様々な機会において宴会が行われている．彼らはその一連のものを**フィエスタ**と呼んでいる．サントス村の人々は，フィエスタを開くことを当然のことと考え，そうしなければ周りからおかしいと思われる，人間関係に悪影響を及ぼす，と考えている．そして，フィエスタへの招待を断ることにも相応の理由が必要となり，特に近親者の誘いを断ることは礼を逸した行為となる．

筆者もまた，サントス村において多くの人を招待して自らの誕生祝を開催したことがある．その時，筆者はフィエスタの開催に積極的であったわけではなかったが，サントス村の人々にその開催を何度も促され，その期待に応えないではいられないような気分になった．結局，筆者は，サントス村でお世話になっている人々を何十人も招待し，家畜を屠って皆で共食するフィエスタを開催した．このように，普段の人間関係やフィエスタ開催への期待が，経済的負担をしてもフィエスタを開催する彼らの理由であると考えられる．

3.3 社会関係資本としてのコンパドラスゴ

なぜコンパドラスゴの関係を結ぶのかをサントス村の人々に聞いても直接的な答えは返ってこない．そこで，これまでの研究からその答えを探し，サントス村のこれまでの事例と合わせて考えてみよう．

人類学者のミンツとウルフ（Mintz and Wolf, 1950）は，コンパドラスゴが経済・社会・政治的なタテ（垂直）の関係と地縁・血縁的なヨコ（水平）の関係を強めるものであると指摘している．このような関係は，社会学の用語では**社会関係資本**と呼ばれ，社会的ネットワークに参加することによって得られる相互支援や信頼関係の構築を表す．彼らは，このような視点から南北アメリカ大陸の5つの事例を紹介している．特に，自分よりも経済的に豊かで，権力のある相手とこの関係を結んだ場合には，上層階層（主に地主）は下層階層（主に農

民）に対して庇護を与え，下層階層はそれに奉仕で報い，これによって旧来的な身分・階級制度の秩序が維持されると指摘している．

人類学者ハルビッチ（Halbich, 2010）は，ミンツとウルフが始めたコンパドラスゴによる関係の構築や強化の議論を拡張している．その研究では，北西メキシコ先住民のララムリにおけるコンパドラスゴを取りあげ，先住民共同体内部で結ばれる関係，異なる共同体の相手と結ばれる関係，先住民とメスティソの間で結ばれる関係を観察し，コンパドラスゴの関係を結ぶことによって，両者の間に社会関係を構築し，その関係を強化させているとしている．

他方，人類学者オズボーン（Osborn, 1968）は，ミンツとウルフとは異なる視点から**メスティソ**と**先住民**がこのような関係を結ぶ事例を紹介している．メスティソは先住民との経済取引のきっかけを求め，先住民は土地登記や選挙における身分証明書の発行を求めてこの関係を結ぶ．ここにおいては，互いの経済的利益のためにコンパドラスゴが利用されており，両者の関係をタテやヨコの人間関係と一概に断じることはできないとしている．

また人類学者ウッドリック（Woodrick, 1995）は，農村社会におけるコンパドラスゴを結ぶ相手の選定において，既存の研究では重視されていなかった女性の役割を強調している．特に，娘が婚姻して以降の母娘関係において，その対立の和解や関係の強化においてコンパドラスゴの相手による支援が期待されている．そのため，コンパドラスゴの相手の選定が女性たちにとって重要になり，その選定に女性たちの意見が大きく関わっていると指摘している．

このようにコンパドラスゴに関して様々な議論があるが，コンパドラスゴが新しい人間関係を構築したり，既存の関係を強化したりするものであることは多くの研究において一致している．そして，このような社会関係を結ぶことによって期待される便益については，相互扶助や経済的利益さらに精神的支援などが指摘されている．これらの便益は，一般に**社会関係資本**によってもたらされるものと同じである．

サントス村においても，幅広い人間関係や経済・社会的に有力な相手との関係（社会的ネットワーク）の構築は有益であると考えられている．そういった相手との関係構築は，日常生活や祝祭・葬儀などの際に必ず何らかの支援をもたらすだろうと期待されている．しかし，こうした点は彼らによって直接語られることはない．コンパドラスゴの関係を結ぶ相手として最もふさわしいのは，「理想のカトリック教徒」であると語られるに留まっている．

コンパドラスゴの関係にある相手は，一方的に自分に利益をもたらすだけではなく，いろいろな場面で自分が支援しなければならない相互支援の相手でもある．これは，この関係が経済的にも精神的にも負担を伴うものであるということである．既に指摘したように，こうした関係を広げることは，それ自体が負担を増大させるのである．

代父母が親代わりとなって代子にすべきであると期待される支援は，明確には決まっていないが，以下のようなものがある．人生儀礼を伴うフィエスタへの参加や贈り物，婚姻前に死亡した場合の葬儀の取り仕切りや経済的支援，結婚式への参加と贈り物，そして豪華な贈り物の贈呈などである．ただし，その支援の内容については個人の裁量に委ねられている．

しかし，コンパドラスゴの関係は，こうした負担を単に強いるだけではなく，相互支援や信頼関係などの便益をもたらす**社会関係資本**と考えることができる．多くのフィエスタの主催者は，コンパドラスゴの関係にある相手を優先的にフィエスタに招待し，彼らとの関係を深める．そして，多数のコンパドラスゴの関係を持つ人物は，沢山のフィエスタに招待される可能性も高く，招待されたフィエスタでも，主催者との関係を深めることができる．こうした関係は，信頼関係を深め，その後の相互支援に繋がるのである．

ここで指摘しておきたいのは，サントス村の人々にとってフィエスタを通じて構築されるコンパドラスゴ（社会的ネットワーク・相互支援・信頼関係）は，経済的な負担があったとしても，彼らの生活において**満足感**や**幸福感**をもたらす貴重な資産であるということである．サントス村の人々はフィエスタにおいて，普段の辛い労働の日々を忘れ，気の合う仲間と近況を語り合いながらご馳走を食べ，酒を飲み，音楽を聴き，ダンスを踊る．こうしたフィエスタを開催する機会を与えるのがサクラメントの儀礼であり，それに参加する機会をより多く与えてくれるのがコンパドラスゴの関係なのである．

ワーク3

サントス村の人々は，コンパドラスゴの関係を結ぶ理由をどのように説明するだろうか．

4 問いの答えを探る
フィエスタを通じた人間関係

　本章では，筆者が長年調査してきたメキシコ先住民村落で開催されるフィエスタにおいて結ばれるコンパドラスゴという関係について考察してきた．これまでの議論をまとめよう．

　サントス村では，様々なお祝い事の機会にフィエスタと呼ばれる宴会が催され，特に洗礼などのカトリックの人生儀礼においては，儀礼を受ける者とその立会人との間で**パドリナスゴ**という関係が結ばれる．**コンパドラスゴ**とは，その代子の実父母と代父母との間で取り結ばれる関係である．洗礼などの大きなフィエスタは，当日と前後の三日間，実父母と代父母の2つの会場で数百人規模の宴会が行われ，その招待客の多くは親族，姻族，そしてコンパドラスゴの関係にある者たちである．

　コンパドラスゴを結ぶ相手としてふさわしいとされるのは，同年代の理想のカトリック教徒であるとされるが，その条件は必ずしも順守されるわけではなく，各人によって多様な相手とこの関係が結ばれている．特に，サクラメント以外の場合には，異教徒とでさえこの関係を結ぶことがある．

　コンパドラスゴの関係にある相手は親族のような関係にあると考えられ，様々な機会に支援を期待することができる．しかし逆に，彼らは支援を与えるべき相手となる可能性もある．多くの相手とコンパドラスゴの関係を持つことは，強固な相互支援が期待される関係を多く持つことであり，その関係の維持は大きな利益が期待できるが，一方でそれは負担にもなる．その顕著な例は，フィエスタの招待数の増加とそれによるフィエスタ費用の増大である．

　コンパドラスゴという関係は，フィエスタによって構築される社会的ネットワークであり，そのネットワークの維持のためにはそれ相応の経済的負担も必要になる．しかし，そのような経済的負担が伴ったとしても，コンパドラスゴから得られる相互扶助の利益や信頼関係は，それに関わる人々に満足感や幸福感をもたらすのである．

　日本では，親族関係や姻族関係は存在するが，コンパドラスゴに相当する人間関係は存在しない．しかし，日本の伝統的な集落には神社仏閣のお祭りなどを中心にした地域の人々の密接な関係や相互扶助がある．こうした地域の人々の関係がどのような機能を果たしているかを考えれば，コンパドラスゴの関係もそれほど理解しがたい関係ではないだろう．

第 2 章 コンパドラスゴは何のためか 29

ワーク 4

コンパドラスゴの関係によって人々が得られるものとは何だろうか.

キーワード

サクラメント：キリスト教で行われる様々な儀礼の総称で，カトリックにおいては秘跡と呼
ばれる. カトリックでは，洗礼，堅信，聖体，結婚，ゆるし，病者の塗油，叙階の 7 つの
サクラメントが重要視されている. 本章の調査地では前者の 4 つが重要視されている.

フィエスタ：祭りや国民的祝祭，洗礼や結婚式などの人生儀礼などをこの名前で呼ぶ. 先住
民社会におけるフィエスタは，植民地化以前からの先住民文化と植民地化以後のスペイ
ン・キリスト教文化とが混淆・融合したものである.

コンパドラスゴ：洗礼や堅信の秘跡に実親以外の成人が代親として受洗子と精神的親子関係
を結ぶ制度をパドリナスゴと呼ぶ. コンパドラスゴは，そこから派生した二次的関係で，
実親と代親同士が結ぶ関係で，主にイベリア半島南部・地中海カトリック圏とラテンアメ
リカで定着し発展してきた.

ブックガイド

Halbich, M. (2010) "Ritual Compadrazgo as an Instrument of Interethnic and Social Ad-
aptation among the Rarámuri in Northwestern Mexico and its Possible Correlations
to Local Political Events," *Urban People,* 12(2): 331-384. コンパドラスゴが先住民と
メスティソの関係を構築し，強化させると論じている.

Mintz, S. and E. Wolf (1950) "An Analysis of Ritual Co-parenthood (Compadrazgo),"
Southwestern Journal of Anthropology, 6: 341-367. コンパドラスゴが，タテ（上下）
とヨコ（水平）の人間関係の結束を強化するものであるとし，経済的に豊かで権力のあ
る相手をコンパドラスゴの相手に選ぶ事例を紹介している.

Osborn, A. (1968) "Compadrazgo and Patronage: A Colombian Case," *Man,* 3(4): 593-
608. メスティソと先住民が，経済取引を開始する契機を与えるものとなることを期待し
てコンパドラスゴを結ぶ事例を紹介している.

Woodrick, A. (1995) "Mother-Daughter Conflict and the Selection of Ritual Kin in a
Peasant Community," *Anthropological Quarterly,* 68(4): 219-233. コンパドラスゴが母
娘関係の構築や修正に利用されていることに注目している.

30　第Ⅰ部　多文化の共生に向けて

ワークシート

ワーク1 ....

サントス村で行われるフィエスタにはどのようなものがあるだろうか.

ワーク2 ....

　フィエスタ開催の経済的負担を減らすためにどのような方法があるだろうか.

ワーク3 ....

　サントス村の人々は，コンパドラスゴの関係を結ぶ理由をどのように説明するだろうか.

ワーク4 ....

　コンパドラスゴの関係によって人々が得られるものとは何だろうか.

第3章 マプーチェ医療は誰のものか
――チリの公的医療で提供される先住民医療――

工藤 由美

1 問いを発見する
西洋医療以外の「医療」を考える

　もしあなたが病気や怪我をしたとしたらどのような行動をとるだろう．普段行くクリニックや自宅近くの病院を受診したとして，それでも十分回復しなかったとしたら，次にどのような選択肢を探すだろうか．

　医療は，病気や怪我をした人々が回復する，あるいは病気と上手く付き合いながら日常生活が送れるようにする，さらに現代では病気にならないように予防するために存在する．このように医療を捉えると，「医療」とは必ずしも西洋医療だけとは限らない．怪我をしたスポーツ選手が鍼治療を受けたり，腰痛や関節痛がある人が養生として温泉に通ったり，冬に私たちが風邪を引かないように意識してとる様々な行動もこの「医療」に含まれる．このような医療は現代の日本に限らず，どの地域でもどの時代にもみられる．

　こうした医療状況を**多元的医療**と呼ぶ．多元的医療は，それぞれの地域の歴史や慣習に密接に関わっている土着の医療を含むだけではなく，科学的根拠に基づく西洋医療を様々な医療のうちの選択肢の1つとして捉える見方でもある．

　本章のテーマは，このような医療体系の中の1つに位置づけられるチリの先住民マプーチェの人々の民族医療（以下，マプーチェ医療）である．**マプーチェ医療**とは，先スペイン期から現在のチリ・アルゼンチン南部に住む南米

写真3-1　マチの診療風景
出所：2009年8月，工藤撮影．

最大の民族集団マプーチェによって伝承されてきた医療である．スペイン人の到来以降，西洋医療の影響による外来要素の流用とみられる部分も認められるが，マプーチェ医療の核になる部分はほとんど変わっていない．それはマプーチェ語で**マチ**と呼ばれる**霊的職能者**による診断・治療・助言と，**薬草**の煎薬の提供という2本柱で構成される．

マプーチェ医療は，チリにおいて1996年以降「**先住民保健特別プログラム（PESPI）**」の下で公的医療に取り入れられてきた．その背景には，先住民が非先住民と比べて十分な医療が受けられていない状況や，マプーチェの人々のように，現代でも症状に応じてマプーチェ医療を積極的に利用していることなどがある．この特別プログラムの目的の1つが「先住民に文化的に適切な医療を提供する」（MINSAL y CEPAL, 2010: 13）ことだったため，開始当初は「マプーチェ医療を受ける患者数の7割以上が先住民であること」という制約があった．また，公的医療になったために，受診患者の医療費は公的保険で賄われ，多くの受診患者が無料で受診できるようになった．

2000年以降，マプーチェ医療は首都圏でも実施され，首都サンティアゴでは受診を希望する患者が増加した．受診患者の7割を先住民とするという当初の制約がなくなると，2014年以降は，マプーチェでも他の先住民でもないチリ人たちが患者全体の70％から80％を占めるようになった．

ワーク1

多元的医療とは何か．マプーチェ医療とは何か．

---

2 公的医療にマプーチェ医療が組み込まれること
問いを調べる

マプーチェ医療が公的医療として実施されるようになった背景を以下の点から調べてみよう．1) チリにおいてマプーチェの人々はどう扱われてきたか，2) 先住民組織によるマプーチェ医療の取り組み，3) チリ政府によるマプーチェ医療の位置づけ，4) 患者はなぜマプーチェ医療を希望するのか．

2.1 チリにおいてマプーチェの人々はどう扱われてきたか

チリで現行の先住民の諸権利を保障する政策が開始されたのは，1993年の

俗称「**先住民法**（法令 19253 号）」制定以降である．まず，なぜチリの先住民の諸権利が保障される必要があるのか，その歴史的背景を概観しておこう．

1818 年にチリがスペインから独立して以降，主にチリの南部に居住していたマプーチェの人々は，それまで保持してきた領土を奪われ，チリ政府の法制下に置かれることになった．1869 年，チリ政府は近代化された国軍によるマプーチェ領土の強奪を開始し，1880 年以降その土地に本格的な植民を進めていった．この絶滅戦争は，「平定」という婉曲表現でよく知られている（Richards, 2004: 127）．土地の一部はマプーチェの**居留地**として認められたが，大部分は入植者に割り当てられるか競売にかけられた（高橋，2009: 3）．

領土強奪と植民の過程で行われた居留地への強制移住と集住化は，マプーチェの人々にとって共同体の解体だけでなく，人々と土地のつながり，人々と自然界とのつながりの切断をも意味していた．加えて，チリ国家統一のために学校では公用語としてスペイン語のモノリンガル教育を受け，宗教も先住民の土着の信仰から，キリスト教カトリックに改宗することを余儀なくされた．

チリは，先住民法が制定される 3 年前の 1990 年に民政に移行したが，それまでの約 16 年間（1973 年から 1989 年まで）は軍事独裁政権下にあった．この時期は居留地が最小化し，南部に住む先住民マプーチェは単なる「カンペシーノ（スペイン語で田舎の人，農民）」として扱われた．チリの先住民史の中でマプーチェの存在自体を否定するような時代であった．加えて，軍事政権時代には徹底した新自由主義政策が推進され，地方の貧困化と，首都サンティアゴを中心とした大都市への労働移住が加速していった．

こうした歴史を踏まえれば，先住民側からみた先住民の諸権利の保障とは，歴史的に奪われ続けてきた土地や，共同体の解体によって失われてきた先住民固有の言語，文化的諸活動の回復を意味している．

2.2 先住民組織によるマプーチェ医療の取り組み

1）マプーチェが医療活動を行う理由

1993 年に制定された先住民法には，マプーチェを含めて 10 の民族がチリの先住民であると明記され，**先住民であること**の証明としては「先住民の姓を持つこと」が必須とされた．マプーチェの姓を持っている人，つまり法的に「マプーチェである」と認められた人々は，先住民法の制定以降，様々な制度的優遇を受けることができるようになった．先住民に対する奨学金制度，公営

住宅の入居申請時の優先権，南部の土地を安価で購入できる権利などである．

　先住民言語であるマプーチェ語や，マプーチェ医療の維持・普及のために，政府（教育省や保健省）と先住民組織が協働して取り組むプログラムが組織された．マプーチェ医療は，先住民組織を実施母体とした公的医療として提供され，政府から活動資金と実施場所を提供されている．

　首都のあるマプーチェ先住民組織は，先住民保健特別プログラムに基づいて実施されるマプーチェ医療の提供を活動の主軸としている．彼らの指導者は，首都で医療活動をする理由を3つあげている．

　第1の理由は，「首都で暮らすマプーチェに**西洋医療**を受けさせたい」からである．彼らが公立病院やクリニックを受診するとき，医師から十分な病気の説明を得られない場合が多い．患者の風貌や名前に先住民姓を見つけると，医療スタッフは，「スペイン語はわからないだろう」と判断し，病気の説明を十分にはしてくれないという．患者が病気について質問をした際，「スペイン語の説明では理解できないだろう」とみなされることも多い．だが実際には，前述のとおり，チリの公教育ではスペイン語が教えられており，2007年の調査では首都でスペイン語が話せないマプーチェは0％である．そして，スペイン語とマプーチェ語の両方を話す人は僅か6％程度である．

　また，病院を受診しても検査や治療をしてもらえないという不満をもらす者も多い．なぜなら，首都で暮らす先住民の多くは下層階層の労働者であるために，検査や治療にかかるお金がないとみなされ，検査なしに診断されたり，処方薬を少ししかもらえないことも多い．そうした差別を改善し，首都で暮らす先住民が安心して医療を受けられるようにするために，先住民組織は積極的に公立病院やクリニックに働きかけていく必要があるのである．

　第2の理由は，「首都で暮らすマプーチェに**マプーチェ医療**を受けさせたい」からである．彼らは，症状や状況に応じて600km以上離れた南部の故地へマプーチェ医療を受けに行くことがある．なぜ彼らは西洋医療の病院やクリニックでなく，マプーチェ医療を選択するのだろうか．そのきっかけは，不定愁訴や，連日続く悪夢，家族内の問題，人生の岐路にある場合など，自分の人生や周囲の環境が悪い状態にある，あるいはそれが予期されるときが多い．

　彼らにとってマプーチェ医療とは，「人生の中で今が良い状態なのか，悪いのか」を診断してもらい，場合によってはこの先どのように生きていけばよいかの**人生の助言**をもらうことができるものなのである．身体症状が特定の医学

診断名で説明できるものもあれば，個人的な出来事と結びつけられて説明されることもある．マプーチェ医療は，西洋医療のように身体的な健康／病気，あるいは正常／異常を基準に行う医療ではない．彼らの指導者によれば，「西洋医療を受診しても改善しない身体症状が，マプーチェ医療で改善する例もあり，そこにはまさに**マプーチェの論理**で身も心も機能している人々がいる」．そうした心身を生きる人々には，それ相応の医療が彼らの身近な場所で受けられることが望ましいのである．

第3の理由は，「首都で**マプーチェの存在を可視化**できる持続的な場をつくりたい」からである．首都のマプーチェ人口は，約70万人（2017年時点）で，南部の第9州に次いで国内で2番目に多い．しかし，首都全体の人口の中では約12％にすぎず，社会的に下層の目立たない存在である．先住民組織が自分たちの文化の維持のためにマプーチェ医療を重視している理由は，医療は先住民のみならずチリ人にも必要不可欠なものだからである．

「マプーチェ語教室も文化教室も，我々の文化を守っていくためには重要だが，継続させていくことは難しい．なぜなら，それらはチリ人には無くなっても困らないもので，チリ人を巻き込めない素材だからだ．一方，マプーチェ医療は，必要とするチリ人がいれば，この社会で必要不可欠なものになっていく」と彼らは語っている．先住民ではないチリ人が圧倒的多数を占める首都で，マプーチェ医療を提供すれば，その場所自体が，マプーチェの存在を持続的に可視化できるものになると断言していた．

これら3つの理由は，先住民組織，保健省の担当者，マプーチェ医療の場を提供している公立クリニックの医療スタッフの3者の間で，プログラムを遂行する中で何度も議論され共有が図られてきた．

2）先住民組織の医療以外の取り組み

マプーチェ医療を提供する以外にも，この先住民組織は以下のような取り組みを実施してきている．

1つは，公立クリニック内の案内表示をスペイン語とマプーチェ語の**二言語表記**にする取り組みである．首都でスペイン語がわからないマプーチェはいないので，この二言語表記は，スペイン語がわからないマプーチェのためではない．この地域にマプーチェの人々が住んでいること，マプーチェ医療というものが存在していることを表象するためなのである．写真3-2では，スペイン

写真 3-2　トイレの案内表示
出所：2010年9月，工藤撮影．

写真 3-3　マプーチェ文化教室
出所：2010年9月，工藤撮影．

語の下にマプーチェ語の発音に即したアルファベット表記が加えられている．

2つ目は，病院やクリニックの医療スタッフを対象にした**マプーチェ医療教室**の実施である．先住民組織の指導者やマチが講師となり，マプーチェ医療の考え方から，どのような症状や病気がマプーチェ医療の対象になるかを説明している．そして，医師らが診察している患者の中で，どのような人がマプーチェ医療と協働で診ていく対象になり得るかを具体的に示している．

3つ目は，地域住民を対象にした**マプーチェの文化教室**である（写真3-3）．首都にはマプーチェ医療を必要とする人々がいるが，それを知らない首都生まれのマプーチェも多い．先住民ではないチリ人も含めれば，マプーチェ医療の知名度はきわめて低い．この教室は，彼らの世界観や，それにつながる病気の話を通してマプーチェ医療の存在を知ってもらうために行われている．

2.3　チリ政府によるマプーチェ医療の位置づけ

マプーチェ医療は，チリ政府にはどのように位置づけられているだろうか．病気や医療費，それに関連する薬剤の問題からみてみよう．

チリの平均寿命は79.5歳で（2022年現在），ラテンアメリカで最も寿命が長い国の1つである．死因ランキングを見ると1位が循環器疾患，2位が腫瘍，3位は呼吸器疾患と，その多くが慢性疾患を主とする生活習慣病である．チリ保健省は，こうした慢性疾患を含めた85の特定疾患を公的医療保険の給付対象に指定している．そのため，チリの医療費をみると医療費総支出額は年々増加し，特にOECD加盟国の中でも，医療費自己負担比率が19.7％と，その平均15.4％に比べて高い（2019年現在，OECD情報参照）．

医療費の自己負担比率が高い理由の1つは，病院で処方される薬もドラッ

グストアで販売される薬もすべて医療保険の適用外であることが大きい．慢性疾患を抱える人々は長期間，継続的に薬を服用しなければならず，薬以外の医療費を国が補助してくれても，国民の医療費負担は大きくなる．

こうした状況で，保健省は2009年に『伝統的薬草医薬──103植物種』という冊子を刊行した．同冊子には，マプーチェ医療で使用される多くの薬草が収載されており，それらの薬草は高血圧や糖尿病などの慢性疾患に効果のあるものが多い．さらに冊子の前書きには，これらの薬草が「我が国の土着の文化遺産」であり，「科学的にも有効性が確認されており」，「チリ国民の健康に大いに役に立つであろう」と記されている（Ministerio de Salud, 2009: 5-6）．

保健省の冊子にはその先がある．同じ103種の植物を新たな**農業資源**と位置づけて，農業省がその栽培法などをまとめた冊子を同時期に刊行しているのである．薬草は自生している場合も多く，採集後は乾燥させて必要な時に煎じるため，西洋医療の医薬品のように製薬化のコストをほとんど必要としない．

チリ国民の慢性疾患の増加，医療費の増大，それに対する新たな資源としての薬草への注目という点から，従来から薬草を使用してきたマプーチェ医療は，政府の医療政策において大いに期待されていると言える．

2.4 患者はなぜマプーチェ医療を希望するのか

ここで，実際にマプーチェ医療を受ける患者の特徴を紹介したい．首都でマプーチェ医療を受ける患者は，マプーチェとそれ以外のチリ人に大きく分けられる（マプーチェ以外の先住民が受診することはほとんどなく，近年移民も増えているが人数としては少数である）．

一言で**マプーチェ**と言っても，首都ではマプーチェとそれ以外のチリ人との混血も進んでいるため，マプーチェ患者にも様々なバリエーションがある．先住民の姓を持つ法的に認められた「先住民マプーチェ」もいれば，マプーチェの祖母に育てられ，先住民の姓を持たないが，自己をマプーチェと自認する人々もいる．また，先住民の姓を持っていても，差別を受けながら生活をする中で，自分が先住民であることに否定的な人もいる．

彼らがマプーチェ医療を受ける際に最初に感じるのは，「自分のルーツに確実にマプーチェが存在しており，それを認めてこれからどう生きていくか」という問いである．マチは，「患者が現在抱えている問題（病気や症状）の根源には，彼らが生きてきた人生の経験がある」と話す．受診によって，患者はそれ

までの人生を振り返り，自分がマプーチェであることを再確認し，**アイデンティティ**を再構築していくことになる．このような過程を経て，首都でマプーチェ医療を受けられることの重要さに気づくマプーチェも少なくない．

　一方で，チリ人患者の場合はどうだろう．マプーチェ医療を受診するきっかけは，友人や隣人，クリニックの医師に紹介される場合がほとんどである．その場合，患者の多くは既に医療機関で何らかの医学診断名を賦与され，西洋医療の薬を内服している．ところが，「薬を飲んでも糖尿病の血糖値が上手くコントロールできない」，「血圧の薬を飲んでも効かない」，または「薬の副作用で頭痛や吐き気に悩まされる」などの訴えが多い．マプーチェ医療を受診し，彼らが最も満足しているのは「薬草は自然だから良い」という点である．

　チリでは日本のような漢方薬は存在せず，専門家が処方する西洋医療以外の薬はこのマプーチェ医療の煎薬のみである．マプーチェ医療が提供する薬草は，「副作用がほとんどなく，効果を感じる」というコメントが広がり，多くの患者を引き寄せている．薬草への信頼という点ではマプーチェ患者も変わらないが，チリ人患者の多くは薬草に対して過大とも言える評価をする傾向がある．この点は，マプーチェ患者との大きな違いである．

> **ワーク2**
>
> 　マプーチェが医療を受ける際に差別される背景には何があるだろうか．チリ社会が抱えている医療問題には，どのようなものがあるだろうか．

3 調べたことを考察する それぞれの立場からの考察

　公的医療として実施されるマプーチェ医療にはどのような意味があるだろうか．1）マプーチェ先住民組織，2）チリ政府，3）患者（マプーチェ患者／チリ人患者）のそれぞれの立場から考察してみよう．

3.1 マプーチェ先住民組織からみたマプーチェ医療

　現在首都でマプーチェ医療を提供している組織は，1990年代後半にマプーチェ文化とマプーチェ共同体の復興を目指して誕生したものである．彼らが活動の主軸にマプーチェ医療を据えた背景には2つの理由があった．

1つは，チリ社会の急速な疾病構造の変化の中で，慢性疾患への対応が重要な医療問題となっているからである．それは，医療の選択肢の1つとしてマプーチェ医療を歓迎するチリ人患者たちの言葉にも表れている．マプーチェ医療はチリ人たちにも需要があるのである．

もう1つのさらに重要な理由は，マプーチェ医療が，**マプーチェ文化の核心**である固有の世界観，自然観，人間観が凝縮された実践だからである．マプーチェ医療の提供は，そのままマプーチェ文化や彼らの伝統知についての発信に他ならないのである．先住民の文化は，もともと日々の暮らし全般を覆ってきたものであり，一般的に生業や労働形態，衣装や食，住居や言語などにおいて固有のものが存在する．

しかし，植民地化の結果として，マプーチェの慣習は外来の現代的なライフスタイルに置き換えられ，その過程は植民者たちのスペイン語の学校教育によって強力に進められてきた．特に，自然から遠くなった大都市圏の生活では，マプーチェ語でなければ表現できないような自然や人間との関わり自体が消滅してきている．その一方で，大都市での生活に完全に適応したかに見えるマプーチェの人々でも，病気によっては必ずと言っていいほど南部のマプーチェ医療を頼る状況も続いているのである．

先住民組織がマプーチェ医療を継続していくには，いくつか課題がある．それは，**マチの供給不足や後継者確保**の問題である．首都でマプーチェ医療の提供を継続していく上で，医療需要に比べ圧倒的にマチの供給が不足している．マプーチェの故地である南部にはマチも多いが，彼らに首都圏でのマプーチェ医療に参加してもらうのは簡単ではない．本来，マチは自身が生まれ育ち生活してきた土地で，最大限の霊的な能力を発揮すると言われている．逆に，その土地を離れれば100％の能力は発揮できない．さらに，マチは世襲・召命型の霊的職能者であるため，西洋医学のように教育によって養成できる専門家ではない．マプーチェ医療の霊的職能者マチの確保には常に不確実性が存在するのである．

マチの確保の困難性を考慮すると，マプーチェ医療の2本柱であるマチの存在と薬草の提供のうち，今後，首都圏では計画的な確保が可能な薬草の提供のみが残っていく可能性がある．「薬草」の部分のみが公的医療に残り，政府の医療制度に吸収されていくとしたら，それをマプーチェ医療ということができるだろうか．「マプーチェ医療は誰のものか」という問いは，こうした状況

をも考えるための問いなのである.

3.2 チリ政府からみたマプーチェ医療

　チリ政府にとってマプーチェ医療はどのような意味があるだろうか.　チリの先住民政策と医療政策という点から考察してみよう.

　第1に, 先住民文化の一部として位置づけられるマプーチェ医療に政府として資金と場所を提供することは, チリ政府が先住民文化を尊重し保護しているという**先住民政策の可視化**として重要な意味を持つ.　また, マプーチェ医療の公的医療への導入が, 先住民の医療へのアクセスの改善や健康状態の改善につながれば, マプーチェ医療の維持継続はより政策の価値を増す.　そして, 純然たる保健政策ないし文化政策として, 土地問題とは切り離して, 先住民政策の実績を積み上げていくことができる.

　第2に, チリの医療政策という側面からみれば, マプーチェ医療がチリにおける**多元的医療**の一角に位置づけられ, 国民の医療における選択の幅を広げることができる.　今後, チリにおいても少子高齢化が進む中で, 慢性疾患を患う人々が増えていくことが予想される.　その際, 西洋医療以外の治療の選択肢があり, それが副作用の少ない安価な薬草治療であれば, 国民の医療に関する満足度も高まることが期待される.　医療という側面だけを見れば, マプーチェ医療で使用されている薬草治療を西洋医療の一部に組み込むことによって, 日本の漢方薬と同様の利用方法を構想することも可能だろう.　実際に, マプーチェの人々が従来から使用してきた薬草由来の軟膏などが製剤化され, ドラッグストアで売られている例もあるからだ.

　第3に, マプーチェ医療の**公的医療としての持続可能性**については, 不確実な側面がある.　それは, 病気を診断し, 回復へ向けて助言をし, 各々の患者に合った薬草を処方し調合するマチが, 西洋医学とは別の論理で行動する霊的職能者であるからである.

　マプーチェの人々の中で, マチはどのように育成されるのだろうか.　世界の様々な民族の霊的職能者の中には, 弟子入りして修行によってなることができる場合もある.　しかしマチの場合は, 家系で代々受け継がれていく世襲型であり, その家系の中で誰がマチになるかは, 祖霊からの召命による.　したがって, マチは医師のように教育や訓練によって育成することはできない.　さらに, マチの能力と適性は十人十色で標準がない.　将来的に能力と適性を備えた

マチが存在するかどうかは，予測不可能なのである．

3.3 患者（マプーチェ患者／チリ人患者）からみたマプーチェ医療

　先住民組織やチリ政府に比べると，患者からみたマプーチェ医療の意味は，より単純である．マプーチェ患者には，何らかの**アイデンティティの再構築**をせまる場合があるが，ほとんどは肯定的に受け止められている．また非先住民のチリ人患者には，西洋医療の治療の副作用を回避できる，安心・安価な医療の**もう１つの選択肢**になっている．

　さらに重要な意味は，マプーチェ医療の媒介によって，チリ人患者の中に，歴史的に差別の対象であったマプーチェの人々の文化を知り，敬意を抱くようになった人々が現れ始めていることである．そうした患者は，マプーチェ医療を受診し，薬草の効果を身体で実感することを通して，マプーチェの伝統知に驚く．そして，驚きをもたらしたマプーチェ文化に敬意を抱き，それがマプーチェに向けるまなざしを変化させていくように見えるのだ．

　患者の立場から「マプーチェ医療は誰のものか」を問うなら，それは間違いなくマプーチェの人々もチリ人も含めた患者の（ための）ものである．

> ### ワーク3
> 　先住民組織・チリ政府・患者間の利害関係を図式化して整理してみよう．どのような構図が見えてくるだろうか．

4 問いの答えを探る
マプーチェ医療は誰のものか

　「マプーチェ医療は誰のものか」という最初の問いに戻ろう．「医療は誰のためのものか」という問いなら，「あらゆる人のため」と迷わず解答できるだろう．だが，「マプーチェ医療は誰のものか」という問いは，もう少し複雑である．この問いには，「先住民」と「医療」という２つの側面が各々チリ社会で異なる問題を抱えており，両者が絡み合っているからである．

　第１に，先住民の問題から見れば，彼らは歴史的に国家に弾圧されてきた．その過程で奪われたものの回復のために，政府は先住民政策を立ち上げ，先住民組織はその支援を利用して様々な文化活動に取り組んできた．マプーチェ医

療はそうした文化復興活動の一部であり，医療が行き届いていなかった首都圏に住むマプーチェへの医療の充実に貢献している.

　第2に，医療の問題としては，チリ国民全体として慢性疾患が増加しており，そのために政府も国民も医療費が増大している. 患者側からみると，様々な慢性疾患に対する薬の副作用の問題だけではなく，西洋医療以外に選択肢がないという問題があった. そこへ，マプーチェ医療が公的医療として容認されたことによって，政府や国民は医療費の削減が期待でき，薬の副作用に悩まされていた患者たちは，マプーチェ医療で処方される薬草煎薬により「副作用なく効果を感じる」ことができるようになった.

　こうしてみると，マプーチェの人々にもチリ政府にも利益があるウィン－ウィンの関係に見えるが，状況はそう単純ではない. マプーチェ医療におけるマチの後継者問題を考えれば，最悪の場合，薬草医療の部分だけがマプーチェ医療から切り離され，西洋医療の中に取り込まれる可能性がある. マプーチェ医療はマプーチェの文化の一部であり，薬草を守ってきたのも彼らである. こうした歴史的背景や，チリ政府の医療政策を考えると，マプーチェ医療は「誰のものか」という問いは，今後も問われ続けることになるだろう.

　第3に，患者個人のレベルでみれば，マプーチェの人々とチリ人の関係には変化の兆しも見られる. チリ社会においては先住民差別が歴史的に構造化されてきた. しかし，チリ人患者のマプーチェ医療とマプーチェ文化に対する評価には，わずかではあれ共に同じ社会を生きる，対等な他者への敬意あるまなざしが感じられるようになっている. マプーチェ医療が，マプーチェの人々とチリ人の共生の架け橋として存在していくことを期待したい.

ワーク4

　マプーチェ医療を通して，チリ国家とマプーチェ先住民の間にウィン－ウィンな関係は，実現可能だろうか.

> **キーワード**

マプーチェ：現在のチリ・アルゼンチン南部を中心に住む南米最大規模の民族集団である．先スペイン期から南米大陸に居住し，固有の言語・文化体系を保持する．

西洋医療：生物医療・現代医療とほぼ同義で，病気の原因やメカニズムについて生物学的（科学的）理論を用いて説明し，それらの知見に基づいた治療法を行うアプローチ（医療人類学研究会，1992: 54）．

マプーチェ医療：民族医療の1つで，マプーチェに固有の病気や不幸の原因を説明する体系的知識と実践をもつ医療を指す．

> **ブックガイド**

Ministerio de Salud（2009）*-MHT- Medicamentos Herbolarios Tradicionales: 103 especies vegetales*, Chile: Ministerio de Salud. 保健省が作成した薬草に関する冊子．

MINSAL y CEPAL（Ministerio de Salud y Comisión Económica para América Latina y el Caribe）（2010）*Atlas: sociodemográfico de la población y pueblos indígenas Región Metropolitana e Isla de Pascua*, Chile: Ministerio de Salud. チリ首都圏州の先住民の状況についてまとめられた資料．

Richards, P.（2004）*Pobladoras, Indígenas, and the State-Conflicts over Women's Rights in Chile*, Piscataway: Rutgers University Press. チリの国家政策をジェンダーから読み解いた本．

池田光穂・奥野克巳共編（2007）『医療人類学のレッスン――病いをめぐる文化を探る』学陽書房．病気や文化，シャーマニズム等，医療と文化の関係を説明した医療人類学の教科書．

医療人類学研究会編（1992）『文化現象としての医療』メディカ出版．医療を文化として捉える際のキーワード集になっている．

髙橋恒（2009）「チリ先住民族マプーチェによる土地回復運動」『ラテンアメリカ・カリブ研究』16: 1-11. 征服期以降のマプーチェの歴史を描写．

ワークシート

ワーク1
多元的医療とは何か．マプーチェ医療とは何か．

ワーク2
　マプーチェが医療を受ける際に差別される背景には何があるだろうか．
チリ社会が抱えている医療問題には，どのようなものがあるだろうか．

ワーク3
　先住民組織・チリ政府・患者間の利害関係を図式化して整理してみよう．
どのような構図が見えてくるだろうか．

ワーク4
　マプーチェ医療を通して，チリ国家とマプーチェ先住民の間にウィン－
ウィンな関係は，実現可能だろうか．

第 II 部
多文化主義の推進 1
――国家との衝突――

第4章　**メキシコのサパティスタ
はなぜ武装蜂起したのか**
——多民族の共生社会に向けて——

石黒　馨

1 問いを発見する
国家に向けられた銃口

　北米自由貿易協定（NAFTA）が発効した 1994 年 1 月 1 日に，メキシコ最南部のチアパス州（図 2-1 参照）で国家に向けて銃弾が発射された．メキシコ先住民の武装組織であるサパティスタ民族解放軍（EZLN）が武装蜂起したのである．この武装蜂起と同時に彼らは，以下のような「ラカンドン密林宣言」と「戦争宣言」（EZLN, 1994: 邦訳 57-58）を出した．

【資料】

ラカンドン密林宣言

　われわれは今，宣言する．もうたくさんだ．

　メキシコの人民へ

　メキシコの仲間たちへ

　われわれは 500 年におよぶ闘いから生まれた．はじめは奴隷制との闘いであった．次いで，スペインからの独立戦争（1821 年），その後は，米国の拡張主義との戦争（米墨戦争：1846-48 年）を戦い，メキシコへのフランス帝国の干渉戦争（1861-67 年）を戦った．

　ディアス独裁体制（1876-1911 年）との闘いの中から，人民の指導者であるサパタとビリャが登場した．彼らはわれわれと同じように貧しき人間であった．われわれの手には，自由かつ民主的に自分たちの権力執行者を選ぶ権利がない．外国勢力からの独立もなく，われわれや子どものための平和も正義もない．

　しかし，われわれは今，もうたくさんだと宣言する．われわれこそは，メキシコ人という民族性を真に創りあげてきた者の後継者である．われわれ持

たざる者は無数にいる．われわれはあらゆる仲間に呼びかける．われわれのこの呼びかけに応えてほしい．それこそが，70年以上にわたる現在の独裁体制からわれわれが逃れる唯一の道である．

独裁者による略奪を回避するために，そしてわれわれの最後の希望としてメキシコ憲法に基づいた合法的活動を実践しようとあらゆる努力をしてきた．その結果，われわれは，メキシコ憲法に依拠し，その第39条の実現を求める．そこには以下のように記されている．

「国家の主権は，本質においても起源においても人民にある．すべての公権力は，人民に由来し，人民のよりよき生活のために制度化される．人民は，いかなる時も政府の形態を変更し修正する固有の権利を持つ」．

それ故，メキシコ憲法に依拠し，われわれはこの宣言を公表する．

戦争宣言

われわれは独裁体制を支える連邦政府軍に対して宣戦布告する．われわれはつねにジュネーブ協定の戦争法の規定を遵守することを宣言する．われわれの戦いは，憲法が定める権利の行使であり，正義と平等を旗印とする戦いである．

メキシコ人民へ．われわれは，この宣言が最後に残された正当な手段であると考える．独裁者は，かなり以前から布告のない大量虐殺戦争をわれわれ人民に仕掛けてきた．それ故，われわれは君たちに訴える．

われわれの戦い——仕事，土地，住宅，食料，健康，教育，独立，自由，民主主義，正義と平和を求める戦い——を支持し，断固とした決意を持って参加してほしい．自由で民主的な祖国の政府を創りだすまで，戦いを決して止めないことをわれわれは宣言する．

君も，サパティスタ民族解放戦線の決起部隊に参加しよう．

ワーク1

ラカンドン密林宣言と戦争宣言を読み，サパティスタが誰に対して何を訴えているのかを考えてみよう．

2 問いを調べる
チアパス先住民の抑圧と武装蜂起

サパティスタの武装蜂起について, 1) チアパス州における先住民の抑圧と抵抗, 2) 先住民問題と先住民運動, 3) 武装蜂起後のメキシコ政府との交渉という点から調べよう.

2.1 チアパス州の先住民の抑圧と抵抗

先住民と開発：チアパス州は, グアテマラと接するメキシコ最南部の州である. 州人口は約550万人 (2020年) で, 人口の約6割が農村部に住んでいる. メキシコでは56の先住民 (**インディオ／インディヘナ**) が区別されているが, 武装蜂起当時, チアパス州にはマヤ系の先住民が約69万人いた (1990年). ツェルタルが37 %, ツォツィルが33 %, チョルが17 %を占める (Harvey, 1998). 彼らの3分の1はスペイン語を話さず, 約30 %は非識字者であった.

チアパス州は, メキシコの中でも最も貧しい地域に属する. 労働人口の約6割は最低賃金以下の所得しか得ていなかった. 第1次産業の就業比率が約6割で, コーヒー・トウモロコシ・木材の生産や牧畜に従事していた. チアパス州の農林畜産物は, 首都メキシコシティだけではなく, 世界中の大都市に向けて輸出されてきた (EZLN, 1994: 邦訳 328-329).

この州には, 豊富な天然資源が存在し, 石油・天然ガス・バイオ資源の存在が確認されている. 世界銀行などの開発融資によって, 2001年以降**メソアメリカ統合開発プロジェクト**が政府によって推進されてきた. これは, メキシコのプエブラ州から中南米諸国を経てコロンビアに及ぶ道路・電力・通信・観光

表 4-1　チアパス州の先住民の抑圧と抵抗

年	歴史的動向
1528	チアパスに植民都市建設
1821	メキシコがスペインから独立
1867	マヤ系先住民の反乱 (カスタ戦争)
1910	メキシコ革命, 反革命勢力「チアパス一族」が農地改革を妨害
1948	全国先住民庁 (INI) の設立 (国家による先住民の統合化)
1974	政府によるチアパス先住民会議の開催
1983	サパティスタ民族解放軍 (EZLN) の結成
1994	サパティスタの武装蜂起 (ラカンドン密林宣言)

出所：筆者作成.

などの巨大な開発計画である．この開発によって先住民の土地が収奪され，彼らの自治権が奪われている（山本，2002: 47-63）．

先住民の抑圧と抵抗：1521 年にエルナン・コルテスによってアステカ帝国が征服されて以降，メキシコ先住民の 500 年にわたる抑圧と抵抗の歴史が始まった（表4-1）．チアパス州では，1528 年に植民都市サンクリストバルが建設された．メキシコは 1821 年にスペインから独立するが，植民地時代から独立期にかけて先住民はスペイン人植民者の支配と抑圧の対象であった．

1867 年から 1870 年に，チアパス高地チャムーラの先住民が農場主ラディーノ（白人と先住民の混血）の抑圧に対して反乱を起こした．これは，野蛮な先住民が「善良な白人」やラディーノを殺戮する**カスタ戦争**として歴史的に記憶されている．

19 世紀後半のディアス独裁体制期（1876-1911 年）には，木材伐採やコーヒー栽培のために外国資本から支援を得た大農場（プランテーション）がチアパス州で経営された．大農場の発展と共に先住民は共同体の土地を奪われ，**ペオン**（債務奴隷：農場の債務労働者であるが，奴隷のように売買の対象にされた）や季節労働者として大農場で雇用された．

2.2 先住民問題と先住民運動

1910 年に外国資本と大土地所有に反対する**メキシコ革命**が勃発した．先住民の土地の権利回復が重要な課題の 1 つになり，革命後の 1917 年憲法で農地改革が実施された．メキシコの**農地改革**は，大土地所有（ラティフンディオ）の解体において，私的所有ではなくエヒードという共同所有の形態で農民に土地を分配した．

しかし，チアパス州では，大農場主を中心にした反革命勢力「チアパス一族」が 1917 年憲法の農地改革を妨害した．1921 年にチアパス州農地法が公布されたが，多くの大農場は土地の接収を免れた．さらに 1933 年にチアパス州分益小作法が公布され，大農場で働く小作人の権利が保護されたが，先住民の農地の権利回復については認められなかった．

カルデナス政権（1934-40 年）以降，**先住民問題**――先住民の「文明化」――が重要な政治課題として政府によって取り上げられた．これは，国家主導の**インディヘニスモ**（先住民擁護運動）と呼ばれる．1934 年に，チアパス州政府に「社会事業・文化・先住民保護局」が設置された．

これを機に 1936 年に，チアパス州のコーヒー栽培農場で働く先住民が労働組合を結成した．また 1937 年には，チアパス州農地法が改正され，大農場のペオンに農地分配の権利が認められた．しかし，輸出用農産物を生産する大農場は土地接収の対象から除外された．

1948 年には大統領直轄の機関として**全国先住民庁**（INI）が設置され，先住民のメキシコ国家への**統合化政策**が進められた．エチェベリア政権（1970-76 年）は，1971 年にチアパス社会経済開発計画（PRODESCH）を実施し，地域の教育・健康・産業・交通の整備や電化を推進した．さらに 1974 年に，**チアパス先住民会議**（CIC）が州政府とカトリック教会によって開催された．

チアパス先住民会議の開催は，チアパスの先住民運動を刺激した．1980 年にコーヒー大農場のペオンを中心に農牧業関連の労働組合が結成され，またこの時期には，有力な農民組合連合も結成された．これらは，政府与党の制度的革命党（PRI）の影響下にある全国農民連合（CNC）とは対立する運動組織であった（Harvey, 1998）．

こうした先住民運動の中から，1983 年に**サパティスタ民族解放軍**（EZLN）が創設された（Marcos et Le Bot 1997）．サパティスタは，先住民の権利回復とメキシコの民主主義・自由・正義を政治理念としている．その名前はメキシコ革命で「土地と自由を」を掲げて闘った英雄エミリアーノ・サパタ（1879-1919 年）に由来する．サパティスタの支持基盤は，1998 年の時点でチアパス州の約 1500 村，人口約数十万人で，自治区は 38 であった（山本，2002: 74）．

チアパス州政府は，こうした先住民運動に対抗するために，1984 年にチアパス州農地活性化計画を発表した．さらに，サリナス政権（1988-94 年）は，貧困対策を目的とした**全国連帯計画**（PRONASOL）を実施し，チアパス州に開発資金を投入した．

2.3 武装蜂起後の政府交渉——サン・アンドレス協定

メキシコ政府の対応：メキシコ政府は，サパティスタとの武力交戦の後，1994 年 1 月 12 日に停戦を宣言した．政府が停戦を決めた理由は主に 2 つあった．第 1 に，サパティスタの武装蜂起に対する国民の支持が大きく，政府軍の反撃に対して国内各地で反政府デモが起きたからである．70 年以上にわたり政権を維持してきた PRI に対する国民の批判は大きく，サリナス政権の支持率が低下し，政権の危機に発展しかねない状況が起きた．

第2に，新自由主義（市場原理主義）の経済改革を推進してきたメキシコ政府は，武力紛争の影響を懸念するグローバル金融資本に配慮する必要があったからである．メキシコ政府は，1982年の債務危機以降，金融自由化を求める国際通貨基金（IMF）と密接に協力し，貿易自由化を促進するGATT（1986年）やNAFTA（1994年）に参加してきた．しかしサパティスタの武装蜂起は，グローバル金融資本のメキシコに対する政治不安をいっきに高めた．

1994年12月にサパティスタが複数の村を占拠すると，その翌日，グローバル金融資本による急激な資本流出が発生し，ペソの大暴落（0.29ドル／ペソから0.15ドル／ペソへ48％の下落）という**通貨危機**を招いた（資本流出が起きると，外国資本がペソを売ってドルを買うので，ペソの価値が下落する）．さらに通貨危機は，図4-1のようにインフレ率の上昇（7％から51.9％へ）と経済成長率の低下（4.5％から-6.2％へ）を伴う**経済危機**に発展した．

サン・アンドレス協定：1995年3月，メキシコ連邦議会は，サパティスタとの和解を目指し，「チアパスにおける対話・和解・尊厳ある平和のための法律」（対話法）を制定した．さらに政府に，超党派の国会議員などからなる和平調停委員会（COCOPA）が設置された．

サパティスタは，1996年2月に政府と「先住民の権利と文化」に関する**サン・アンドレス協定**に合意した（山本，2002）．この協定は，政府にとっては対

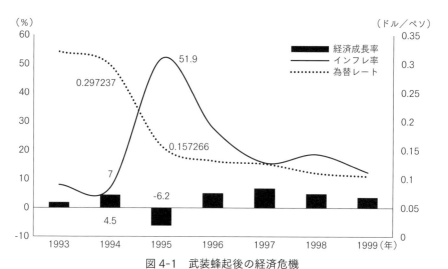

図4-1　武装蜂起後の経済危機

出所：国際通貨基金の資料をもとに筆者作成．

話法にもとづく交渉の成果であり，1990 年 9 月に政府が批准した ILO 先住民条約（第 169 号）を具体化する内容であった．

この協定で政府は，先住民が歴史的に従属・不平等・差別の対象となってきたことを認め，さらに先住民の貧困・搾取・政治的排除が構造的に存在することを認めた．先住民とメキシコ国家との新たな関係については，以下の 5 つの原則を確認した．①多元主義：民族間の平等と差異に対する敬意．②持続可能性：先住民の生活圏における自然と文化の維持の保障．③統合：国家は，先住民の統治形態の改善のために統合・集合的な行動を推進する．④参加：国家は，先住民の参加を保障し，先住民の決定者としての能力を育成する．⑤自由な意思決定：国家は，先住民の自治についてその自由な意思決定を尊重する．

このような原則を法制化するために，サン・アンドレス協定は，以下の 9 項目からなる憲法改正を提案した．①先住民の自治権，②先住民の集団的な土地保有，③天然資源利用における先住民の優先権，④連邦・地方議会における先住民の代表権，⑤先住民の権利行使の法制化，⑥メキシコ国家の多文化性の法制化，⑦民族差別の憲法による禁止，⑧先住民の権利・自由の保障，⑨先住民の文化的表現の自由．

憲法改正案：サン・アンドレス協定を受けて，1996 年 10 月には**全国先住民会議**（CNI）が開催され，同年 11 月には COCOPA がサン・アンドレス協定に基づき「先住民の権利と文化に関する憲法改正案」を作成した．この憲法改正案にはサパティスタも同意した．しかし，セディージョ政権（1994-2000 年）はこの憲法改正案を受け入れなかった．

2000 年 12 月に国民行動党（PAN）のフォックス政権（2000-06 年）が発足し，1929 年以降 71 年間続いた PRI の支配が崩壊した．フォックス大統領はサン・アドレス協定の遵守を約束し，就任直後に憲法改正案を国会に上程した．サパティスタは，2001 年 3 月にこの憲法改正案への支持を国会で表明し，それに先立ちメキシコ各地で討論集会を開催した．3 月 11 日のメキシコシティの集会には数十万人の市民が参加し，多くの国民の支持を集めた．

しかし，2001 年 4 月に採択された憲法改正案は，PRI と PAN の国会議員が提出した別の憲法改正案であった．そこには，サパティスタが要求していた先住民の自治権は削除されていた．サパティスタは，サン・アンドレス協定や COCOPA との合意に政府が違反したとして，この憲法改正案に反対し，政府との交渉をそれ以降停止した（山本，2002）．

54　第Ⅱ部　多文化主義の推進 1

> **ワーク 2**
>
> 　サン・アンドレス協定は，サパティスタにとってどのような意義があっ
> たのだろうか．

3 　調べたことを考察する
先住民の権利回復を求めて

　サパティスタが求める先住民の権利回復について，1) メキシコ政府の先住
民政策，2) 国連の ILO 先住民条約と国連先住民宣言，3) 多民族の共生社会
という点から考察しよう．

3.1　メキシコ政府の先住民政策——同化主義から多文化主義へ

　メキシコの先住民問題は，16 世紀におけるスペインによる征服と植民地化
によって始まった．先住民政策は，植民地時代の人種主義から，1821 年の独
立以降の同化主義・統合主義へ，そして 1992 年の憲法改正以降の多文化主義
に変わってきた（石黒・上谷，2007）．

　人種主義から同化主義へ：植民地時代の先住民は，スペイン王室に貢納を収
める臣民として位置づけられ，スペイン人とは異なる人種として**人種的隔離主
義**がとられた．植民者は，鉱山活動などの私的経済活動のために先住民共同体
から土地や資源を奪うだけではなく，先住民に強制労働を強いた．スペイン王
室は，インディアス新法（1542 年）によって先住民を植民者の収奪や抑圧から
保護する一方で，先住民から王室への貢納を強制した．

　1821 年の独立以降，メキシコの支配者はクリオーリョ（メキシコ生まれのスペ
イン人）となり，彼らの先住民政策は**同化主義**であった（はしがき図 1 参照）．先
住民は，1857 年憲法によってメキシコ市民としてメスティソ（クリオーリョと
先住民の混血）と法的には同一に位置づけられた．しかし，異なる言語・宗教・
慣習などの文化を持つ先住民に対して国家への同化政策がとられた．

　1948 年に，先住民の統合化を進める**全国先住民庁**（INI）が創設された．こ
のような統合主義の目的は，先住民をメキシコ化（メキシコ国家へ包摂）し，最
終的には先住民を消滅させることであった．INI は，先住民政策の多文化主義
への転換に伴い，2003 年に廃止された．

　多文化主義：メキシコの先住民政策は，20 世紀末に統合主義から多文化主

義に転換する（はしがき図2参照）．サリナス政権は，1990年9月にILOの先住民条約（第169号）を批准し，先住民に対する差別の撤廃を宣言した．1992年にメキシコ憲法第4条を改正し，メキシコ国民は多民族の構成体であるとした．そして先住民の文化や土地・資源が法によって保護されるとした．

しかしその一方で，新自由主義（市場原理主義）を推進するサリナス政権は，憲法第27条の改正によって農地の共同所有（エヒード）を廃止し，農地の個人所有と市場取引を推進した．エヒードの廃止は，メキシコ革命によって大土地所有者から獲得された農民の土地の収奪を意味した．

2001年の憲法第2条の改正によって，先住民の定義が示され，その自己決定権や自治権が認められた．ここで，**先住民**とは，植民地化が始められたときに現在の国の領土に居住し，自身の社会・経済・文化・政治的制度を保有している民族である．先住民の規定を誰に適用するかは，先住民自身に委ねられた（2010年現在，先住民と自身を認識している者は人口の14%）．さらに国家の枠組みの中で，先住民の自己決定権や自治権が認められた．

しかし，この自治権は，サパティスタが要求する内容（統治組織としての先住民共同体）とは異なっていた．憲法第115条では，ムニシピオ（基礎自治体）内の先住民共同体は，憲法において連邦国家・州政府・ムニシピオに次ぐ第4の統治組織としては容認されなかった．サパティスタは，サン・アンドレス合意に違反するとして，この憲法改正に反対した．

3.2 ILO先住民条約と国連先住民宣言

1989年6月に**ILO先住民条約**（第169号「独立国における先住民および種族民に関する法律」）が国連で採択された（表4-2）．この条約において，過去に先住民

表4-2　多文化主義に向けた動き

年	歴史的な動き
1989	ILO先住民条約の国連採択，1990年9月にメキシコ政府が批准
1992	メキシコ憲法改正（第4条：多文化主義，第27条：農地改革）
1994	サパティスタの武装蜂起（ラカンドン密林宣言）
1996	サン・アンドレス協定（先住民の権利と文化）の合意
2001	メキシコ憲法改正（第2条：先住民の自己決定権・自治権）
2007	国連先住民宣言の採択（先住民の自己決定権・自治権）

出所：筆者作成．

に対して行われた同化主義政策が批判され，先住民の言語・宗教・慣習・制度や土地・資源などについて，その固有の権利が認められた．

さらに，2007年9月の国連総会では**国連先住民宣言**（先住民の権利に関する国連宣言）が採択された．日本もこの宣言に賛成し，2008年6月の国会でアイヌ民族が先住民族であることが認められた．この宣言の第1条において，先住民は，集団または個人として基本的人権と自由を享受する権利が認められた．また第3条では，先住民の自己決定権が認められ，さらに第4条では，先住民の自治権が明確に示された．

この宣言は，先住民に自己決定権と集団の権利を認めた点で重要である．第1に，先住民の**自己決定権**とは，言語・宗教・慣習や土地・資源などに関して，所属する国家の中で集団として自らの判断で決定することができることである．この権利に基づき，先住民は，自らの政治的地位を自由に決定し，その経済・社会・文化的発展を自由に追求することができる．

第2に，先住民の**集団の権利**の容認は，植民地主義によって抹殺され忘れられてきた人々に，国際法上の主体になることを認めたという意味で歴史的に大きな意義がある．これまで国際法上の主体は，ウエストファリア条約（1648年）以降の国家か，フランス人権宣言（1789年）以降の国際人権法の発展による個人に限られていたからである．

3.3 多民族の共生社会に向けて

先住民や多民族共生について議論するためには，そもそも民族とは何かについて理解しなければならない．ここで重要な点は，民族や多民族共生が社会・歴史的に構築される概念であるという点である．

民族とは何か：民族とは，言語・宗教・慣習などの文化的特徴によって，人々の集団を区別するために社会・歴史的に構築された概念である．ここで，言語・宗教・慣習などの文化的要素は，民族を規定する客観的な指標ではなく，民族を区別するための主観的で選択的な要素である（小坂井，2002）．

民族は，人々の集団的な対立関係の中で社会・歴史的に構築された概念（物語）である．このような民族に客観的な実態（本質）を求めるのは難しい．しかし，構築された民族の概念（物語）は現実を動かす力を持っている．サパティスタは，500年にわたる壮大な先住民の物語を語り，多くの国民の支持を得ながら，メキシコ先住民の権利回復に向けて政府と交渉したのである．

民族が社会・歴史的に構築される際に，**民族の集団的記憶**（民族の物語）が重要な役割を果たす．過去の事実は，客観的な事実としてではなく，人々の主観的な解釈によって記憶されていく．民族の集団的記憶には，権力によって意識的に捏造された虚偽や，歪曲されたり忘却されたりした事実（カスタ戦争），さらに人々の中で無意識に作り出される噂や神話などがある．

多民族の共生：多民族の共生も民族と同様に，社会・歴史的に創られる概念（物語）であり，そこに何らかの実態（本質）を求めることは難しい．しかし，多民族の共生が構築された物語だからと言って意味が無いのではない．むしろ人々が秩序をもって安全・平和に生活するには，このような多民族共生の物語が必要であり，重要なのである．

多民族の共生は，多民族の公平な相互作用によって，人々の文化や社会が不断に変容し再構築を繰り返しながら生成されていく（はしがき図3参照）．先住民がメスティソに同化したり，メスティソが先住民を統合化したりするのではなく，両者の公平な相互作用が多民族の共生を創り上げていく．

多民族の共生は多文化主義とは異なる．**多文化主義**は，民族間の文化の差異・境界線を認め，先住民の固有の文化を尊重し，メスティソとの文化的共存を図る．しかしそのためには，先住民の固有の文化や差異の実態（本質）を把握しなければならない．民族が構築された概念であるとすれば，その差異を実体的に理解することはできない．ここに，多文化主義の問題がある．

しかし，民族が構築された概念（物語）であれば，そのような物語を創り変え，多民族の共生という新たな物語を創り上げることができる．民族が固有の文化や差異に固執すれば，民族間には越えることができない境界が存在することになる．そのような境界を認めてしまえば，民族は，分離しながら**共存**する以外にない．**共生**は，共存の先の相互変容の世界である．

ワーク3

多民族の共生社会とはどのような社会だろうか．

4 問いの答えを探る
多民族の共生は可能か

「サパティスタはなぜ武装蜂起したのか」という最初の問いに戻ろう．その

58 第Ⅱ部 多文化主義の推進 1

解答は，1）先住民の権利回復，2）先住民の自己決定権と自治権，3）民族とは何か，4）多民族共生の物語によって与えられるだろう．

第1に，チアパスの先住民は，植民地時代から先住民としての権利を否定されてきた．サパティスタは，先住民の権利回復とメキシコにおける民主主義・自由・正義の実現を政府に求めた．メキシコ政府は，1992年の憲法第4条の改正によってメキシコが多民族の構成体であることを明確にした．政府はメキシコの先住民政策を多文化主義に転換したとはいえ，象徴的な手続きに留まった．ILO先住民条約が提起した先住民の権利回復は実現しなかった．

第2に，こうした状況を大きく変えたのが1994年のサパティスタの武装蜂起であった．サン・アンドレス協定（1996年）の合意を経て，2001年の憲法改正では，先住民の自己決定権や自治権が明確に示された．この憲法改正によって，ILO先住民条約は，国際的な規範から各国の具体的な行動指針になることを示した．さらに2007年の国連先住民宣言には，サパティスタが要求した先住民の自己決定権や自治権が反映されている．

第3に，民族とは，言語・宗教・慣習などの文化的特徴によって，人々の集団を区別するために社会・歴史的に構築された概念である．民族は，人々の集団的な対立関係の中で構築された概念（物語）である．構築された民族の概念に客観的な実態（本質）を求めるのは難しい．しかし，構築された民族の物語は，現実を動かす力を持っている．

第4に，多民族の共生も民族と同様に，社会・歴史的に構築される概念（物語）である．人々が秩序をもって安全に生活するには，このような多民族共生の物語が重要になる．多民族の共生は，先住民がメスティソに同化したり，メスティソが先住民を統合化したりするのではなく，両者の公平な相互作用によって創られる相互変容の世界である．

ワーク4

　サパティスタは，なぜ武装蜂起したのだろうか．多民族の共生は，先住民の権利回復をもたらすだろうか．

第 4 章　メキシコのサパティスタはなぜ武装蜂起したのか　　59

キーワード ●●●

サパティスタ民族解放軍（EZLN）：1983 年にチアパス州で結成されたゲリラ組織で，先住
　民の権利回復とメキシコの民主主義・自由・正義を政治理念として掲げる．ゲリラは，テ
　ロリストとは異なり，国際法上は合法的な組織である．マルコス副司令官が最高指導者の
　1 人で，彼以外は先住民である．

インディオ：スペイン植民者が先住民に対して使った蔑称．このような差別語に対して，独
　立後に，国民国家の統合を進める同化主義者が**インディヘナ**を使うようになった．しか
　し，1992 年のアメリカ大陸「発見」500 年記念行事に反対する先住民運動の中で，同化主
　義に抵抗する先住民が，そのアイデンティティを表す言葉としてインディオを新たに使用
　するようになった．

ブックガイド ●●●

EZLN（1994）*¡Bast!: documentos y communicados del EZLN（Tomo 1）1992=1994. 6.10*,
　EZLN（太田昌国・小林致広編訳『もう，たくさんだ！メキシコ先住民蜂起の記録 1』
　現代企画室，1995 年）．サパティスタの政治宣言を収録し，その運動について解説した
　論文を編集している．

Harvey, N.（1999）*The Chiapas Rebellion: The Struggle for Land and Democracy*,
　Durham: Duke University Press. 20 世紀後半のチアパス州における土地と民主主義を
　巡る先住民の闘争について学ぶことができる．

Marcos, Sous-commandant et Y. Le Bot（1997）*Le Reve Zapatista*, Paris: Editions du
　Seuil（佐々木真一訳『サパティスタの夢――たくさんの世界から成る世界を求めて』現
　代企画室，2005 年）．マルコス副司令官がサパティスタ運動について語る．

石黒馨・上谷博編（2007）『グローバルとローカルの共振――ラテンアメリカのマルチチュー
　ド』人文書院．先住民の運動を〈帝国〉に対抗するマルチチュードという視点から考察
　している．

小坂井敏晶（2002）『民族という虚構』東京大学出版会．社会心理学の視点から民族を社会・
　歴史的に構築される物語や虚構として考察し，多民族の共生を理解する上で重要な論点
　を指摘している．

山本純一（2002）『インターネットを武器にした〈ゲリラ〉――反グローバリズムとしての
　サパティスタ運動』慶應義塾大学出版会．サパティスタの武装蜂起から政治闘争まで，
　その全体像について学ぶことができる．

ワークシート

ワーク1 ....

　ラカンドン密林宣言と戦争宣言を読み，サパティスタが誰に対して何を訴えているのかを考えてみよう．

ワーク2 ....

　サン・アンドレス協定は，サパティスタにとってどのような意義があったのだろうか．

ワーク3 ....

　多民族の共生社会とはどのような社会だろうか．

ワーク4 ....

　サパティスタは，なぜ武装蜂起したのだろうか．多民族の共生は，先住民の権利回復をもたらすだろうか．

第5章 なぜアマゾニア先住民は運河開発に反対なのか
──多元世界に向けた運動──

神崎隼人

1 問いを発見する
なぜ先住民は運河開発に反対したか

2012年，ペルー政府は**アマゾン運河プロジェクト**（以下アマゾン運河開発）を発表した．南米大陸は**アマゾニア**（アマゾン熱帯雨林）によって大部分が占められ，アマゾン川の源流にあたる4つの河川──アマゾン本流・ウカヤリ川・マラニョン川・ワジャガ川──が流れている．

アマゾン運河開発の目的は，2600kmにわたる河川の航行環境を整備することによって，ペルーの太平洋沿岸からブラジルのマナウスを経由して大西洋までの航路を接続し，大陸の経済統合を促進することである．アマゾン運河開発は官民連携プロジェクトであり，ペルー政府は中国企業やペルー企業と共同事業契約を交わした．これは，投資規模が9億5000万ドル以上で，契約期間が20年にも及ぶペルーの一大プロジェクトである．

しかし，アマゾン運河開発の対象地域に暮らす**アマゾニア先住民**は，このプロジェクトに対して抗議の声をあげた．ペルーでは2012年以降，先住民の暮らしに影響を及ぼす開発プロジェクトには，事前協議を実施する権利が先住民に認められている．運河開発計画の発表後，マラニョン川の先住民組織が事前協議の実施を求めた．先住民の要求が認められ，先住民と政府の事前協議のために，プロジェクトは一時中断された．このプロジェクトの影響を受ける先住民は，約6万人で，14のエスニック集団からなる424の共同体である．事前協議の重要な争点は**環境アセスメント**である．

アマゾン運河開発には河川の環境整備が含まれている．環境整備とは，具体的には**河床の浚渫と流木の除去**である．浚渫とは，河川や港の水底を機械でさらって深くする工事である．4つの河川の流路は，蛇行を繰り返し，カーブ部分には砂が堆積している．またこれら河川には数多くの流木が流れ，河床に

突き刺さっている．河川の水位は雨季と乾季で変動するので，乾季に水位が下がると，船舶は座礁のリスクが高まる．そのために浚渫や流木の除去をしなければならない，というのがペルー政府や企業の主張である．

これに対して，環境保護団体や専門家は**科学的エビデンス**を示して政府側の主張を批判した．河床の浚渫や流木の除去は，流域の生態系バランスを破壊し，魚類の繁殖を阻害する．また河床に埋まった有毒物質が水中に溶け出すかもしれない．その結果，漁業資源や水に頼ってきた住民の暮らしが脅かされる可能性がある．環境アセスメントによって，浚渫による環境・生態系・漁業資源への影響を事前に評価すべきである．先住民組織もこの点では同意見であった．

しかし，先住民組織は，環境アセスメントにおいて重要なのは科学的エビデンスだけではないと主張している．科学とは異なる先住民の**世界観**も同様に重要な評価項目として取り扱うべきであると主張している．先住民の側にとって運河開発への反対理由は，科学的エビデンスだけではないのである．では，なぜアマゾニア先住民は運河開発に反対しているのか．

> **ワーク1**
>
> アマゾン運河開発プロジェクトとはどのようなプロジェクトだろうか．この開発プロジェクトに対してどのような反対意見があったのか．

2 問いを調べる シピボの人々と川の関わりから

先住民の側に立ってアマゾン運河開発の問題を見るために，ここでは，運河開発の影響下にある**先住民シピボの人々**の 1）歴史と先住民運動，2）生業，3）世界観から調べてみよう．

シピボの人々は，ペルー・ボリビア・ブラジルにまたがって暮らす**パノ語系**のアマゾニア先住民の集団である．「シピボ」「シピボ＝コニボ」という呼称が一般的である．元々はシピボ，コニボ，シェテボという，言語や文化の類似した3つのエスニック集団に分かれて暮らしていたが，ヨーロッパ人による征服等の歴史的プロセスを通じて互いに通婚や交流が進んだと言われている．ただし，シピボの人々も多様性に富み，地域ごとに微妙に言葉遣いが違っていた

り，個々人の自己認識にも差があったりする．

　現在，シピボの人口は３万人を超え，ペルーのアマゾニア先住民の中では最大の集団である．アマゾンの源流**ウカヤリ川流域**が生活圏で，川の名を冠するウカヤリ県をはじめ，マドレ・デ・ディオス県，ロレト県，ワヌコ県の村々に居住する．首都リマ郊外にはカンタガジョという彼らの集住地区もある．

2.1　シピボの人々の歴史と先住民運動

　シピボの人々の祖先が，ヨーロッパ人到来のはるか以前からウカヤリ川流域に暮らしていたことが，考古学的に明らかになっている．彼らは，先インカ期からアンデス地域の住民と交易を行い，他のアマゾニア先住民集団とも交流していたと言われている．

　しかし，ヨーロッパ人の到来以降，16 〜 18 世紀にキリスト教徒がウカヤリ川流域にも布教にやって来ると，シピボの人々はキリスト教徒と接触を持つようになった．しばしば，シピボの人々は宣教師の行動に激しく抵抗したと言われている．1821 年にペルーが独立を遂げた後は，シピボの人々は，さらに多様な外部者と接触し，ペルーの社会や政治経済との繋がりを深めていった．アマゾニアで天然ゴム生産のブームが起こると，白人のゴム男爵たちによる支配下に置かれ，シピボを含む先住民は過酷な労働を強いられ搾取された．

　1930 年代以降，ペルー各地から移民がやって来た．ペルー政府はアマゾニアへの移民を奨励し，アマゾニア開発によって国民経済への統合を図った．移民が建設した街**プカルパ**は現在，ウカヤリ県の県都であり，行政や経済の中心地である．リマとプカルパ間は，アンデス山脈をまたぐ幹線道路や空路によって繋がれている．

　シピボの人々を取り巻く政治・経済・社会が近代化する中で，人々自身の生活や文化もまた大きく変化していった．1950 年代，米国を拠点とするキリスト教系 NGO がウカヤリ川流域にも進出し，先住民語とスペイン語の二言語教育を始めた．この教育によってバイリンガルのシピボ教員も養成されることになった．こうした学校教育はシピボの人々の結束力にも繋がった．

　1970 年代，法律により行政単位として**先住民共同体**が設置されると，それをきっかけとして先住民自身が集団の結束力を強め始めた．シピボの人々はその他の先住民の集団を束ね，**アマゾニア先住民運動**を牽引するグループになっていった．1981 年には，最初のウカヤリ地域の先住民団体 FECONAU が創

設された．また，全国レベルのアマゾニア先住民組織 AIDESEP の結成，およびアマゾン流域のトランスナショナルな組織 COICA の結成にも，シピボの人々が指導力を発揮した．

1990 年代になると，フジモリ政権が新自由主義路線に舵を切り，天然資源の開発を海外資本に開放し，インフラ設備の近代化も推進した．その路線は，2000 年代に政権が変わっても継続された．シピボの人々をはじめ先住民は，そうした開発に抵抗し，自らの土地を守るために，政府や企業と衝突することも多くなった．2008 年に，シピボなどアマゾニア先住民が次々と蜂起し，2009 年には，先住民と警官の武力衝突によって何人もの死傷者や行方不明者を出す**バグア事件**が起きた．

2012 年にウマラ政権は，バグア事件を受けて開発に先立つインフォームドコンセントとして先住民に対する事前協議の権利を法律（通称「**事前協議法**」）によって認めた．このように 21 世紀のシピボの人々は，ペルー政府による資源開発の影響下にあるが，自分たちで組織的な運動を展開しながら政治プロセスに参与している．

2.2 シピボの人々の生業

シピボの人々は，ウカヤリ川流域の独特な環境に適応した**生業**を営んでいる．ウカヤリ川の特徴は，蛇行を繰り返す流路と，季節的な水位の上下変動にある．10 月頃に雨季が始まり，12 月から 1 月まで川の水位がしだいに上昇する．川が氾濫すると，低い土地は浸水し，川の本流と三日月湖や細い流れが繋がるようになる．6 月から 9 月の短い乾季に入ると，川の水位はしだいに低くなり，河床が陸となり，蛇行部分には砂州が現れる．

ウカヤリ川は，このように蛇行しながら流れ，氾濫を繰り返すうちに，ダイナミックに流路を変化させていく．シピボの人々は川沿いに村をつくるが，村はときには川に飲み込まれ，またときには川から遠ざかってしまう．そうしたダイナミックなウカヤリ川を，シピボの人々はシピボ語で「パロ」と呼び，親しんできた．

シピボの人々は**焼畑農耕**を営み，森を拓いて火入れをし，畑をつくる．畑ではスウィートキャッサバ，バナナ（プランテン）といった食卓の中心となる作物，そして果樹や建材など多様で有用な植物が植えられる．家の周囲の菜園では薬草や果樹なども育てている．

氾濫原では農業も営む．ウカヤリ川は，雨季に氾濫し，そのときに豊かな土壌成分を運び，土壌を肥沃にする．シピボの人々は氾濫のリズムを熟知しており，それを利用して多様な作物を栽培している．雨季に豊かな土壌成分が運ばれ，乾季に姿を現す川沿いの低い土地では，栽培期間の短いトウモロコシやピーナッツ，インゲンマメ，コメの栽培が行われる．しかし，数年に一度の大氾濫が起こると，川の水位は居住地の高さにまで上がってしまい，人々は畑を失うだけではなく，家屋も失ってしまうことがある．

シピボの人々の食卓の中心は魚である．そのため**漁労**はとても重要である．各家族が，住居スペースの近くの三日月湖や細い河川，森の中の池，あるいは村の正面を流れるウカヤリ川で漁をする．雨季には河川の水位が増して魚が獲りにくいが，乾季になると水位が下がり，魚が狭い範囲に閉じ込められ，漁がしやすくなる．

シピボの人々は精緻な**伝統的生態学的知識**を受け継いでいる．ある研究によれば，ナマズやピラニアの仲間などの 82 種類の魚類，イルカなどの 3 種類の水棲の哺乳類，7 種類の爬虫類，2 種類の甲殻類，2 種類の軟体動物など，水辺の生き物の生態をよく知って漁業をしている．漁法としては，木彫りのカヌーに乗って弓矢を放ったり，罠を使ったりすることもある．かつては植物から抽出した毒も使っていた．現代では，投網も多く用いている．

シピボの人々は，ウカヤリ川のとてつもない力を肌で感じている．大氾濫や流路の大きな変化があれば，作物が採れなくなったり，村ごと引っ越すことになったりする．それでも，シピボの人々は川と共に生きているのである．

2.3 シピボの人々の世界観

ウカヤリ川と共に生きるということは，シピボの人々の思考や世界観にも深く影響を及ぼすことになる．シピボの人々は昔から，人，森や川の動物，植物の精霊，空の天体からなる世界の成り立ちや関係性について，**神話**を通して考えてきた．

彼らの神話では，始原の時代は闇であり，その後太陽が現れ宇宙を創り，天空・大地・森・水・動物たちを創り出した．そして，天空を守る稲妻（カナ），動物を守るジャガー（イノ），水を守るアナコンダ（ロニン），森を守るルプナの木（ショノ）を創った．そして男女が創られた．悪しき精霊（ユシン）が現れて，死や病をもたらした．

宇宙は4層に分かれた世界から構成される．このような世界が円盤状にいくつかの層から作られているという考え方は，アマゾニア先住民の様々な集団の間で広く見られる．シピボの人々が生きる**地上の世界**は，その下の**水の世界**とその上の**天空の世界**に挟まれている．地上は水の世界の所有者**アナコンダ**（ロニン）に取り巻かれ，アナコンダが這い回った跡が川の流れである．さらに，**死者の世界**，そして**悪しき精霊の世界**がある．

シピボの人々がよく語るのが，シピボの世界観ではアナコンダやイルカやカメ，ジャガーやサルたちも皆「人間」であり，シピボの人々と交流してきた．シピボの人々が森や川の恵みを享受できるのは，そうした「人間」とのバランスのとれた関係性を維持しているからである．こうした神話や世界観は，古色蒼然とした物語ではなく，今なお人々の生活の中にある．

シピボの人々は，これまでウカヤリ川流域の開発や近代化を経験してきた．しかしそれによって，シピボの人々がその慣習や文化を変容させたり，多数派社会に同化したりすることによって，先住民であることを失ったわけではない．むしろシピボの人々は，自らの言語で語り継がれてきた川（パロ）と共に生きる世界観を維持し，その世界観に基づいて自らの望ましい生き方を追求しようとしているのである．

そんなシピボの人々が直面しているのが，アマゾン運河開発である．彼らは，様々な支援団体と協力し，パンフレットを作成したりウェブページを運営したりして，アマゾン運河開発への抵抗のメッセージを発信してきた．そこには，シピボの人々の世界観を前提とした懸念が綴られてきた．

あるパンフレットでは，シピボの活動家のスアレス氏が次のように述べていた．ウカヤリ川は，川の所有者あるいは川の母である**アコロン**が守っているものである．アコロンとは，ロニンと同じく水の世界の所有者であり，大蛇アナコンダの姿で描かれる．アコロンが殺されるようなことがあれば，川や湖は死に，水も乾き，シピボの人々は水も魚も奪われてしまう．アマゾン運河開発の浚渫によって，アコロンがいなくなってしまえば，シピボの人々はもはや川と共に生きられなくなるのである．シピボの人々にとって，漁は単に魚を獲ることではない．それは，アコロンから贈り物をもらうことなのだ．

このような懸念は，筆者によるインタビュー調査でも多くの人が語っていた．彼らが言うには，アコロンはウカヤリ川の蛇行部分の奥深くに潜み，そこで平穏に暮らしている．アマゾン運河開発の浚渫は，この蛇行部分で行われる

予定であった．浚渫された土砂や，重金属など有害な化学物質がふってくれば，アコロンは嫌がるはずである．だから，自分たちはアマゾン運河開発に反対なのだと．「今でも，アコロンが存在している．河床にいる者たちは，アマゾン運河開発の浚渫を好まない．これが理由だ．私たちの反対している理由だ．今だって，アコロンや水の下に棲む者たちを見る人はいるのさ」．

ワーク2

　ウカヤリ川に暮らすシピボの人々にとって，なぜ川は重要なのだろうか．彼らの歴史・生業・世界観の3つの側面の繋がりを調べてみよう．

3 調べたことを考察する
問題が環境だけではなかったら

　シピボの人々が運河開発に反対するのは，彼らが川と密接に関わる暮らしを営んできたからである．それでは，シピボの人々が，環境アセスメントに彼らの世界観を考慮に入れることにこだわる理由はなにだろうか．1）科学的な一元世界，2）先住民の世界，3）多元世界という点から考察しよう．

3.1 科学的な一元世界

　環境アセスメント，つまり科学的なエビデンスやデータに基づく評価について考えてみよう．一般的に環境アセスメントとは，開発において契約や工事の実施以前に，開発による環境や生態系，そして住民の社会生活への影響を特定し，予測し，対策を講じるための手続きである．環境アセスメントにおいては，科学的に最も適した技術や方法を採用し，さらに周辺住民には情報を提供し，適切に参加機会を与えることが重要とされる．周辺住民からの懸念や情報は，開発を実施する政府や企業に報告すべきであると考えられる．

　アマゾン運河開発計画が発表されると，先住民組織が事前協議の実施を求めた．先住民組織や環境保護団体は，事前協議における検討事項として，浚渫の影響に関する環境アセスメントの実施を要求した．なぜなら，先住民にとって，運河開発の対象となる河川は，生きる源そのものであり，農業や漁業といった日々の生活の基盤であるからである．

　さらに，先住民組織は繰り返し，環境アセスメントにおいて科学的調査と同

じように先住民の世界観に関する調査を実施するように要求した．そのために，環境アセスメントの専門家チームの中に，**先住民の知識人**を加えることを求めてきた．その理由は，既に見たように，先住民にとっては川での漁労や氾濫原での農業も，水の世界の所有者アコロンとの関係性も，一続きの重要な問題であるからである．2015 年に，事前協議の一連のプロセスが完了し，先住民側・政府側が「合意」に達し，協定を締結した．2017 年以降，市民参加を伴う環境アセスメントが開始された．

　2020 年，アマゾン運河開発計画は中断されることになった．その理由は，河床に埋まっていると思われる有毒物質について科学的調査を行うことができず，環境アセスメントを完了することができなかったからである．この開発計画中断は一見すると，環境アセスメントを通じて，先住民の主張が通ったように見える．

　しかし，この事実こそまさに，先住民の世界観が無視されていたことを証明している．シピボの人々が川の母アコロンの怒りを案じて，中止を訴えても，開発計画は止まらなかった．しかし，科学的調査は開発計画を止めた．アマゾン運河開発の中断は，先住民の主張ではなく，科学的調査によって実現したのである．環境アセスメントによって，先住民の主張がまったく無視されていたことが明らかになったのである．

　先進諸国では，科学的なエビデンスやデータが強い説得力を持っている．例えば，「浚渫の予定されている地点はイルカの繁殖にとって重要である」というエビデンスや，「どれくらいの人口がどれくらいの資源に頼って生活している」というデータがあれば，政治の意思決定を変えられる可能性がある．なぜなら，先進諸国では，エビデンスやデータこそが，意思決定において客観的で重要な判断材料だからだ．

　ここで問題なのは，科学的知識があまりにもパワーを持ちすぎ，先住民の世界観を非科学的で根拠のないものとして排除しようとする傾向である．先進諸国では専門家によるエビデンスやデータしか信頼されない．あるいは，科学的に立証された場合にのみ，シピボの人々の世界観を信頼に足るものと判断する．このように科学的知識を絶対視し，先住民の世界観を排除する世界観は**一元世界**論と呼ばれ，ラテンアメリカの研究者や活動家によって批判されてきた．

3.2 先住民の世界観

　一元世界論の絶対的パワーに対して異議を唱えた研究者の一人が，アマゾニア先住民を研究してきたブラジルの人類学者ヴィヴェイロス・デ・カストロである．その研究によれば，アマゾニア先住民の世界観は，たしかに科学的な世界観とは異なっているが，強力な論理を持っている．絶対とされてきた一元世界論は，西洋に固有の１つの世界観に過ぎないのである．

　ヴィヴェイロス・デ・カストロによれば，アマゾニア先住民の世界観では，動物や精霊は，皆自分たちが人間であると考え，料理や酒を作ったり儀礼を行ったりして，村で社会を営んで暮らしている．人間が暮らすようにしてジャガーたちの村があり，バクたちの儀礼の場所があるのだ．動物たちの見た目の身体は衣服のように着脱可能である．人間の目には動物に見えても，その衣服を脱げば，内面には人間の精神があるのである．**見た目（身体）**は違っていても，**内面（精神）**は皆人間であるというのが，アマゾニア先住民の世界観である（Viveiros de Castro, 2005）．

　シピボの人々も，西洋の世界観とまったく異なるこのようなアマゾニア先住民の世界観を共有している．シピボの人々の水の世界には，人間の内面を持った川の母アコロンやイルカやカメ，精霊たちが暮らしている．シピボの人々は，そうした人間の内面を持った存在と交流して暮らしてきた．人々は，アコロンとのバランスのとれた良好な付き合いを維持できているからこそ，アコロンから魚をもらえるのである．シピボの人々から見れば，浚渫とは，アコロンを怒らせ，シピボの人々と水の世界の繋がりを断絶させかねないものである．だから，アコロンを怒らせないことが，シピボの人々にとって重要なのだ．

　シピボの人々が，環境アセスメントにおいて科学者だけではなく，水の世界の専門家である先住民の知識人もチームに加えるべきであると主張したのは，先住民の世界観によるものである．浚渫は，地上の世界の人間だけではなく，水の世界の住人にも影響が及ぶのである．だから，先住民の知識人の判断が重要になるのである．

　動物や植物や精霊も皆「人間」であるというこのような世界観は，広く南北アメリカ大陸の先住民社会に見られ，様々な先住民運動の基礎になってきた．ブラジルの先住民活動家の**アイウトン・クレナッキ**は一元世界論の過剰な力と支配力を批判し，先住民の多様な世界観を尊重しなければ，地球規模の環境の

危機を先延ばしできないと主張する（Krenak, 2019）．

3.3 多元世界

　一元世界論と先住民の世界観の間には，様々な摩擦が起こっている．その現場を注意深く考察したのが，ペルー出身の人類学者のデ・ラ・カデナである．彼女が提案するのは「**それだけではない**」という考え方である．その考え方は，先住民が運河開発に反対する理由や，環境アセスメントの問題点を理解する際に重要である．問題は，科学的知識によって明らかになる世界だけではなく，多様な世界が存在するということである．

　アンデスの具体的な現場を見てみよう．

　ペルーのアンデス地域では，金や銅の鉱山開発が活発に行われている．現代の鉱山開発では，海外の巨大な鉱山会社が，ダイナマイトを使用して山を丸ごと掘り尽くし，山を破壊してしまう．また金属の精錬過程では，汚染物質を発生させる可能性もある．

　しかし鉱山の麓には，そこを水源として農牧畜を営む先住民**ケチュアの人々**が暮らす．ケチュアの人々は**山の神信仰**でも知られ，彼らは感情を持つ生きものとしての山々と交流してきた．その世界観によれば，アンデスの山々の中には，特に強力な山がいて，その山がその地域一帯を支配している．そのため，鉱山開発が進み，山々を破壊すると，その強力な山の神がそれを許さないかもしれないのである．

　ケチュアの人々が鉱山開発に反対する理由には，鉱物資源や自然環境という科学的知識には収まらない，山の怒りを防ぎたいという独特の世界観がある．鉱山開発が進めば，山が怒り，人を殺す危険性があるからである．アンデスの山は，人間のための鉱物資源を埋蔵するだけではなく，また保全されるべき自然環境であるだけでもない．人間に対して意思表示する生きものでもある．こうして，一概には言えない山が環境政治の場にせり出してくる．

　デ・ラ・カデナは，このように「それだけではない」を手がかりに環境政治の場を分析する．まさに，その政治の場には異なる世界に生きる様々なステークホルダーが集まっている．鉱山開発に反対するとき，地元の先住民の世界で「山」とは何か．それを注意深く見ていけば，政治の問題が単に山「だけではない」ことが分かってくる（de la Cadena, 2010）．

　アマゾニアやアンデスの先住民は開発への抵抗運動を繰り広げている．それ

ぞれの運動はそれぞれ異なった「世界」を守り取り戻すためのものなのだ．コロンビアの人類学者アルトゥーロ・エスコバルによれば，こうした様々な「世界」の防衛と回復を目指す運動はラテンアメリカ全域に広がっている．人々の希求を端的に表す言葉を，メキシコ・チアパス州の先住民**ツォツィル**や**ツェルタル**の人々から成る**サパティスタ民族解放戦線**が発している．「私たちが望むのは多くの世界がおさまる1つの世界である」．エスコバルは，これを**多元世界**と呼ぶ．人々が求めているのは一元世界（Universe）ではなく，多元世界（Pluriverse）なのである（Escobar, 2018）．

　もし私たちがエビデンスやデータをもとにした科学的知識のみを唯一のものとして信じれば，シピボの人々の多元世界への希求を無視してしまうことになる．一元世界では，動物も植物も大地も，すべてはただのモノであり，人間のための資源や環境にすぎない．しかし多元世界では，川には母がいて，ジャガーには村があって，山は怒る．科学的知識を絶対視する一元世界のロジックでは，そうした存在は否定される．それに対して，多元世界では，シピボの人々は異なる世界に暮らしており，そこでは人と話す山もいれば，アコロンの棲む水の世界も存在することができる．

> ### ワーク3
>
> 　先住民が環境アセスメントでその世界観を考慮に入れることを求める背景には何があるだろうか．先住民の世界観と科学的知識の関係性を考えてみよう．

4　多元世界を創るには
問いの答えを探る

　「なぜアマゾニア先住民は運河開発に反対なのか」という問いに戻ろう．その解答は，科学的な一元世界から先住民の世界を含む多元世界に向けた運動によって与えられるだろう．

　第1に，先住民組織は，河床の浚渫や流木の除去が河川の生態系バランスを崩し，人々の暮らしを脅かすということを反対の理由としてあげた．先住民組織は，環境保護団体や先住民の権利擁護団体と協力し，環境アセスメントの実施をペルー政府と企業に求めた．環境保護団体は，先住民の主張を支持する

ような運河開発に関する科学的エビデンスを提示した．だが先住民組織は，環境アセスメントにおいて科学的知識だけではなく，先住民の世界観を考慮することを要求した．

第2に，運河開発への環境アセスメントの要求は，アマゾニア先住民が川の民であることと密接に関係していた．シピボの人々は，雨季と乾季の川の水位の変動，氾濫や洪水，魚や森の動物たちの生態といったウカヤリ川の環境のリズムに合わせて，漁業や農業や狩猟採集を行って暮らしてきた．シピボの世界観では，川はその母アコロンのものである．シピボの人々はアコロンを敬い，アコロンは，彼らが川を利用し漁をすることを許してきた．とはいえシピボの人々は，現代社会から切り離された「未開人」では決してない．シピボの人々は，現代社会に取り込まれつつも，自らの世界観を取り戻そうと運動しているのである．

第3に，先住民の抵抗は，科学的な一元世界から，先住民が共存する多元世界へ向けた運動である．先住民は，単に運河開発に反対しているだけではなく，運河開発にも環境アセスメントにも共通する一元世界観の支配に対して異議を申し立てているのである．川を単なるモノや人間にとって役立つ資源としてしか考えないような一元世界ではなく，川の母アコロンの怒りや安寧を考えられるような多元世界を創造しようとしているのである．

現在，ラテンアメリカの様々な地域で，先住民は多元世界の実現に向けた運動を展開している．多元世界の実現に向けた運動は，多様な世界観のそれぞれの実現に向けた運動である．しかしそれは同時に，多くの世界がおさまる1つの世界という共通の展望を持っている．先住民による多元世界の実現に向けた運動は，私たちがこれから共生社会を実現する上で重要なヒント与えてくれるだろう．

ワーク4

アマゾニア先住民は，なぜ運河開発に反対しているのだろうか．彼らは何を求めているのだろうか．

第 5 章 なぜアマゾニア先住民は運河開発に反対なのか 73

キーワード

アマゾニア先住民の世界観：この世界の動物や植物，川や山，天体，気象現象など自然物には，人間としての内面があり，異なるのはそれぞれの外面（身体）だけであるとする世界観．アマゾニアの先住民は，この「世界観」を掲げ，自分たちの土地を守り権利を回復する運動を展開している．

一元世界：多元世界に対立するネガティブな概念．西洋近代的な一元世界では，自然と文化の二項対立を前提として，科学的知識に基づく世界観を唯一絶対視する一方で，非西洋の人々の世界観を排除してきた．

多元世界：西洋近代的な一元世界観は，先住民の世界観を排除し，破壊して支配してきた．このような世界観の一元化に対して，ラテンアメリカの先住民をはじめとしたマイノリティの運動は，様々な世界観の共存する多元世界を目指している．

ブックガイド

de la Cadena, M.（2010）"Indigenous Cosmopolitics in the Andes: Conceptual Reflections beyond 'Politics'," *Cultural Anthropology*, 25（2）: 334-370（田口陽子訳「アンデス先住民のコスモポリティクス――「政治」をめぐる概念的省察」『現代思想』45（4）: 46-80, 2017 年）．アンデスの「母なる大地」をめぐって，先住民運動と政治の概念を批判的に考察する．

Escobar, A.（2018）*Designs for the Pluriverse: Radical Interdependence, Autonomy, and the Making of Worlds*, Durham: Duke University Press（水野大二郎・水内智英・森田敦郎・神崎隼人監訳『多元世界に向けたデザイン――ラディカルな相互依存性，自治と自律，そして複数の世界をつくること』ビー・エヌ・エヌ，2024 年）．近代的デザインを批判し多元世界を提案している．

Krenak, A.（2019）*Ideias para Adiar o Fim do Mundo*. Companhia das Letras（国安真奈訳『世界の終わりを先延ばしするためのアイディア――人新世という大惨事の中で』中央公論新社，2022 年）．先住民の視点から異なる世界の可能性を提案している．

Viveiros de Castro, E.（2005）"Perspectivism and Multinaturalism in Indigenous America," In, P. García Hierro & A. Surrallés eds., *The Land Within: Indigenous Territory and the Perception of Environment*, Copenhagen: IWGIA（近藤宏訳「アメリカ大陸先住民のパースペクティヴィズムと多自然主義」『現代思想』44（5）: 41-79, 2016 年）．動物もまた魂を持った人間であるというアメリカ大陸先住民の世界観について考察する．

ワークシート

ワーク1 ....

　アマゾン運河開発プロジェクトとはどのようなプロジェクトだろうか．この開発プロジェクトに対してどのような反対意見があったのか．

ワーク2 ....

　ウカヤリ川に暮らすシピボの人々にとって，なぜ川は重要なのだろうか．彼らの歴史・生業・世界観の３つの側面の繋がりを調べてみよう．

ワーク3 ....

　先住民が環境アセスメントでその世界観を考慮に入れることを求める背景には何があるだろうか．先住民の世界観と科学的知識の関係性を考えてみよう．

ワーク4 ....

　アマゾニア先住民は，なぜ運河開発に反対しているのだろうか．彼らは何を求めているのだろうか．

第6章 先住民世界への軍事介入は正当化されるのか
──ペルー・アマゾン環境政策のひずみを考える──

村川　淳

1 問いを発見する
軍事介入に揺れる先住民社会

2017年5月11日，ペルーの有力新聞エル・コメルシオは，先住民村落エル・ピラルにおける軍事掃討作戦の実施を報じた．作戦の目的は違法金採掘者の摘発である．浚渫船などが破壊され，9名が逮捕された．

エル・ピラル村は，ペルー南部MDD（マドレ・デ・ディオス）県の県都PM（プエルト・マルドナド）市から8km程離れた場所に位置する（図6-1, 図6-2【6】）．村の中央を貫くのは，広大な密林を縫いブラジル側大西洋へと至る悠久の大河，アマゾン川である．しかし21世紀，同県では無秩序な金採掘が社会問題化し，先住民たちも森林破壊と無縁ではいられなくなった．金の抽出のためには水銀も用いられている．健康被害や水質汚濁への懸念から，一帯には前年3月，非常事態宣言も発出されていた．

エル・コメルシオ紙の記事で気になったのは，以下のようなくだりである（〔　〕内は筆者による補足）．

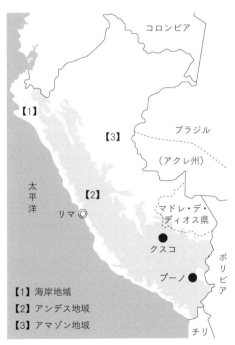

図 6-1　ペルーの地理的 3 区分
出所：筆者作成．

76　第Ⅱ部　多文化主義の推進 1

【資料】

　〔5 月 10 日に行われた軍事〕介入の間，先住民は，共同体からも，FENA-MAD（MDD 川流域先住民連合）からも許可を得ぬまま〔海軍と警察による〕作戦行動が実施されたと声高に非難した．同連合の代表もこれに同調している．

　20 世紀に至るまで，ペルー南部のアマゾン地域は部外者の介入を拒む僻遠の地だった．自らの文化を守り抜いてきた先住民の末裔が，16 世紀前半に始まる南米大陸のスペイン植民地化や，1821 年のペルー独立といった世界史上の出来事，あるいは「近代」とは距離をとりながら暮らしてきた．いくら森林荒廃の元凶となる犯罪者を取り締まるためとはいえ，官憲が土足で踏み入って良いものなのか．これは，いわば先住民の自治問題である．

　後日，環境系 NGO は，この一件の詳細を報じる記事で，FENAMAD の顧問弁護士と上記作戦に参加した検事の見解を説明している．前者は「先住民共同体は土地所有権を有し，〔中略〕領域への干渉を管理する権限を持つ」と主張した．これに対して，後者は「逮捕者 9 名の内，3 名はエル・ピラル先住民共同体の構成員の可能性がある」，また「環境破壊にかかる犯罪は当該共同体，および人員のみならず，社会的利益に害悪を及ぼす」と反論を行った．同記事は「作戦行動においては，違法採掘の根絶に向けた不意打ち的介入および公権力の使用は正当化される」との見立てを示し，論を締めくくっている．

　本章では 20 世紀以降のアマゾン先住民社会の変容を見据えつつ，先住民世界への軍事介入は正当化されるのか，という問いを考えてみたい．軍事化するペルー環境政策の問題点を，歴史的視点から検討する．

> **ワーク 1**
> 　先住民世界への軍事介入は正当化されるのだろうか．賛成と反対の両方の立場から考えてみよう．

2 問いを調べる
先住民の歩みと違法金採掘問題

　ここでは，違法金採掘問題を軸に，1）MDD 県における軍事掃討作戦の経

第6章　先住民世界への軍事介入は正当化されるのか　77

緯，2）アマゾン先住民の歴史的歩みを調べよう．なお図 6-2（ゾーニング）と図 6-3（アマゾン川支流）は MDD 県南部を異なる目線から描いたものである．

2.1　自然保護地域に迫る危機

今日，MDD 県は，その豊かな「自然」が注目を集めている．クスコ県境にあるマヌ国立公園はユネスコ世界遺産に登録され，プーノ県境にはバワハ・ソネネ国立公園（図 6-2 の最南部）が広がっている．国立公園とは，ペルー国内法においては数ある自然保護地域内で最も厳格な管理が適用される一帯である．

バワハ・ソネネ国立公園の北側には**タンボパタ国立保護区**があり，2001 年には，自然保護活動を十全とすべく，バッファーゾーンが設定された．その最北端，円心状の管理体制の外縁に**ラ・パンパ**と呼ばれる一角がある．

事の起こりは，2000 年代後半，イナンバリ川（図 6-3）近辺への**金採掘者**の侵入だった．

当初，タンボパタ国立保護区バッファーゾーンの域外で活動を行ってきた採掘者たちは南進し，2010 年頃までには自然保護地域内へと突入した．ブラジルから PM 市，さらにはアンデス地域のクスコやプーノを経由し，太平洋へ

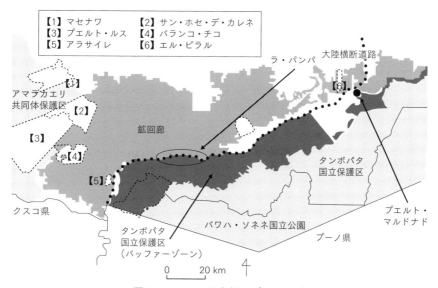

図 6-2　MDD 県南部のゾーニング

注：破線内は，現状におけるアラクブ語系先住民共同体の法定領域．
出所：筆者作成．

と至る**大陸横断道路**（図6-2の点線）の舗装工事が完了しようとしていた頃だった．何の変哲もない一帯に，砂金目当ての移民が流れ込み，市街地が急拡大した．

　無論，自然保護地域内での無断採掘自体がペルー環境法制への挑戦である．さらに問題なのはその採掘方法である．大型重機を用い，問答無用で森を切り開き，土砂を掘り返す．現在，ラ・パンパには砂漠のような空間が広がっている．当局も踏み込めぬ無法地帯が形成され，売春目的の組織的人身売買なども取り沙汰されてきた．

　ペルー政府は本格的な統制に乗りだす．2010年には，浚渫装置の一切の使用を禁止し，海軍によるその接収を可能とした（翌年には装置の破壊も容認）．2012年には全国レベルでの法制化を行い，大型重機を取り締り対象に加えた．警察や軍の介入を前提とした法整備が進められ，軍事拠点が設営される中，掃討作戦が断続的に展開された．多数の死傷者が出る事態が今日も続く．エル・ピラル村への軍事介入は，このような展開の延長線上に位置づけられるものだった．

　藪の中．アマゾンの密林とはもともと管理統制が困難な場所であり，そこに有象無象が入り込めば混乱は必至である．しかし，かけがえのない「自然」を守るためであり，部外者である砂金目当てのアンデス移民を取り締まるためであるならば，軍事力の使用もやむを得ないのだろうか．

2.2　先住民の苦難

　先住民の側から20世紀以降の歴史的展開を考えてみよう．アンデス地域にはケチュア語やアイマラ語などを基礎とした覇権的な言語集団が存在し，巨大文明が築かれてきた．それに対して，アマゾン地域では小規模集団が分立するのみだった．2016年にNHKで放送されたドキュメンタリー『最後のイゾラド——森の果て　未知の人々』でも紹介されたように，部外者に矢先を向ける裸の遊動民（今日の行政用語では**孤立・初期接触先住民**）も未だ存在する．

　MDD県の場合，主流となったのはアラワク語，パノ語，タカナ語，アラクブ語だったが，方言偏差も顕著で，さらなるサブグループへと分類されている．エル・ピラルの人々とも婚姻関係で結ばれた**アラクブ語系先住民**の足取りを，人類学者アンドリュー・グレイの研究（Gray, 2002）をベースに紹介しよう．1970年代までは，その社会構造も判然とせず，外部社会からはマシュコ

(mashco) との蔑称で一括の上，怖れられてきた最奥地の先住民である．

　道もない．急流を下るよりない．ペルー南部アマゾン地域は 19 世紀後半に至るまで，人もまばらな先住民たちの世界だった．しかし，1870 年代には，ブラジルのゴム採取人（**セリンゲイロ**）がアマゾン川上流のマデイラ川（図 6-3 の右上）にまで遡行して来ると，さらに上流に位置する現 PM 市近辺も奴隷狩りや，労働力としての先住民の人身売買と無縁ではなくなった．

　ペルー側からの侵入も進む．1894 年，ゴム王カルロス・フィツカラルドが中部アマゾン方面から分水地帯を越え，当地へと到着する．世界的なゴム需要の増加によって**ゴム・ブーム**が巻き起こると，**日本人移民**も，一攫千金を求めて，太平洋側からアンデス山脈を越えタンボパタ川を下って合流した．ブラジルのゴム採取人による占拠が進む中，当時ボリビア領であったアクレ一帯がブラジルへと割譲された後の展開だった（ペトロポリス条約，1903 年）．1912 年には PM 市を行政的中心とした MDD 県が発足した．

　ゴム採取人との出会いは，まさに先住民の悲劇の幕開けとなる．フィツカラルドは，MDD 川の支流マヌ川（図 6-3 の左上）に拠点を設け，先住民労働力の動員を図るも，抵抗・襲撃に遭うと，機銃掃射で応じた．インフルエンザや天然痘をはじめとする**感染症**も襲いかかる．外部世界と疎遠で，免疫を持たなかった先住民のもとに，ひとたび疫病が入り込めばひとたまりもない．アラサエリ（図 6-2【5】，図 6-3 の◎）の人々など，壊滅寸前にまで人口を減らした先

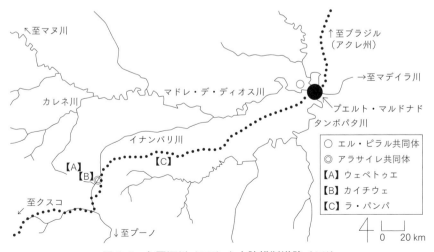

図 6-3　主要河川（実線）と大陸横断道路（点線）

出所：筆者作成．

80 第Ⅱ部 多文化主義の推進 1

住民もあったが，アラクブ語系先住民の残党は支流や源流域へと退避した．

　1910 年代後半にゴム・ブームが終焉した後も，外部からの働きかけは進む．20 世紀初頭，布教のため当地へと侵出した**ドミニコ会士**だ．先住民からの襲撃を恐れつつも，宣教師たちは，アラクブ語系先住民の居住域へと分け入り，エル・ピラルやカイチウェ（図 6-3【B】，共に 1940 年代設立）から**布教村**を拡大した．山刀やナイフなどの贈物を武器に，先住民との接触を図り，なし崩し的に距離を切り詰める．使用言語の如何を問わず寄せ集められた先住民は，キリスト教・スペイン語・農業教育等によって価値観の激動を経験することになった．

　慣れない集住生活や先住民間対立の中で，1960 年代末から 1970 年代前半にかけて先住民は再度散逸し，ここに現行の先住民共同体の大枠が定まることになった（図 6-2）．ただし，彼らの出戻り先が必ずしも従来の居所とは一致していなかった点は注記に値する．集合家屋（マロカ）を中心に据え農耕を営なむも，その生業は広域的な自然資源の利用によって支えされたものだった．

　これと並行したのが，**金採掘者の流入**である．1940 年代には既に，カイチウェ，後に金採掘の一大中心地となるウエペトゥエ（図 6-3【A】）にも採掘拠点が形成されていた．1960 年代にはクスコと PM 市とを結ぶ未舗装道路が開通し，1970 年代のオイルショックや世界的な政情不安は**金採掘ブーム**の呼び水となる．布教村からの逃散後，先住民の一部はこれに合流し，金採掘への経済的依存を深めて行くことになった．カレネ川（図 6-3 の左上）付近では 1980 年代初頭には，揚水ポンプを用いる先住民の姿も確認されている．

　アンデス地域から債務労働制（エンガンチェ）によって貧農（つまりは先住民）も連れて来られ，様々な背景を抱えたアクターが登場してきた．各々の法理がせめぎあう混沌状態の中，森林破壊が虫食い状に進行する．ラ・パンパ（図 6-3【C】）に先駆けて砂漠的な荒廃を経験したのはウエペトゥエであり，カレネ川水系も深刻さを増している．今日では強盗も珍しくはない．採掘者がかき集めた砂金を狙い，密林内で武装集団が急襲をかける．無法空間は拡大し，治安状況は悪化する一方だ．

　アラクブ語系先住民の歩みとは，侵入者との絶え間ない交渉の歴史，あるいは故地を追われ，生活空間を着実に切り詰められてきた歴史に他ならない．先住民の自治の根幹をなす領域とは，一体何処を指すのか．そこには論争の火種がくすぶっている．

第 6 章 先住民世界への軍事介入は正当化されるのか 81

ワーク 2

先住民にとって自然保護地域の設立はどのような意味があったのだろうか.

3 調べたことを考察する
アマゾン法制とその矛盾

ここでは,自然保護のみならず開発の文脈にも注目しながら,ペルー・アマゾン法制と先住民社会の接点を捉えて行く.1) 自然保護政策,2) 鉱業政策,3) 2010 年代のゾーニング政策,4) 隣国ブラジルとの国際関係を切り口に,ペルー政府による先住民世界への圧力を考えてみよう.

3.1 自然保護政策——石油開発とのせめぎあい

1960 年代の道路建設ラッシュを経て,ペルー政府が本格的なアマゾン介入へと踏み切ったのは 1970 年代だった.その標的の 1 つは,世界的に見ても稀有な「自然」である.アンデス東斜面には,6000m 級の高峰を擁する冷涼なアンデス地域と湿潤なアマゾン低地が隣接している.そこは,高度変化に応じた様々な生態環境が凝縮された生物多様性の宝庫なのだった.

1973 年に設立されたマヌ国立公園を皮切りに,MDD 県では,タンボパタ保留地 (1977 年),パンパ・デル・ヒース特定保護区 (1983 年) が設立された.1996 年には,後者 2 つを再編の上,バワハ・ソネネ国立公園が設立され,21 世紀に入っても自然保護地域の拡充が進められてきた.

しかし,自然保護地域の地位は盤石というわけでもない.1970 年代,ペルー政府がアマゾン地域へと介入を図ったもう 1 つの標的に,石油資源があった.地下深くに眠る石油資源の試掘を進めるために,アマゾン全域がくまなく鉱区として細分化された.そして,アラクブ語系先住民の居住域への侵出を図る嚆矢となったのは,日本の石油コンソーシアム(**アンデス石油**)だった.

環境と開発をどのように両立するのか.1992 年のブラジルにおける国連環境開発会議(**リオ地球サミット**)以降,アマゾン協力条約 (1978 年) の構成国間で議論が活発化し,**ゾーニング政策**の重要性が確認された.ペルー政府は早くも,1997 年の自然資源持続的利用基本法で,ゾーニング概念を導入している.

しかし,その背面で起こっていたのは自然保護地域の切り詰めでもあった.

1996 年，バワハ・ソネネ国立公園の設立の際には，石油開発 78 鉱区に関わるモービル石油など**石油多国籍資本**との契約が優先され，公園予定区域は縮小された．同公園は，石油鉱区からの解放後の 2000 年になって拡張され，それと並行して**タンボパタ国立保護区**が誕生し，現行の体制が整った．21 世紀を迎えペルー政府は，再度石油開発に本腰を入れ，自然保護地域との塗分けを意識しながら，石油鉱区の設定をアマゾン全域で進めている．

　自然保護地域の設定とは，必ずしも科学的知見に基づくものではなく，往々にして政治・経済的な力学の産物である．自然保護地域なのだから，国家が決めた規則なのだから，あらゆる軍事力の行使が正当化されるという理屈は成り立たない．開発を優先し「自然」を脅かしてきたのはペルー政府でもあった．

3.2　鉱業政策――共同体領域の脆弱性

　MDD 県に特異な展開，もう 1 つの開発である金採掘をめぐる政策を確認して行こう．

　1970 年代は軍政の時代だった．**ベラスコ軍事政権**（1968-1975 年）は，**農地改革**を断行し，アンデス地域における大土地所有制の解体と先住民への土地分配を試みる．アマゾン地域に関しても 1974 年，先住民に法的地位を保障する**アマゾン先住民共同体基本法**を公布し，先住民擁護の姿勢を前面に押し出した．土地への権利を認定するプロセスが開始され，MDD 県内では 1980 年代までにアラサイレ共同体（前出アラサエリの末裔）等，計 4 つの先住民共同体が公的に誕生した（エル・ピラル共同体の土地権認定は 1986 年）．

　しかし，**モラレス軍事政権**（1975-1980 年）になると開発優先の姿勢が鮮明となり，1978 年にはアマゾン先住民共同体基本法が改訂され，**金採掘振興法**も公布された．国営鉱業銀行の支部が設置されたウエペトゥエでは，金の買い付け，採掘機材調達のための融資が開始された．これが，今日へと続く金採掘問題の淵源となる．

　問題は，その制度設計にあった．時は自然資源に対する国家主権が，強く打ち出された時代である．森林資源利用の統制や自然保護地域の体系化を図った**森林野生動物法**（1975 年）でも明示されたように，森林資源はあくまで国家のものであり，それは石油や鉱物資源においても同様だった．

　金採掘振興法以降，認定された先住民共同体の領域内においても，採掘可能鉱区が設定されるという事態が頻発した．金を含む地下資源は国家のものなの

だから，外部事業者であっても行政手続き費用を負担し採掘権さえ取得すれば，地権者である先住民共同体の意向に拘わらず，開発を断行することができた（1990年代の新自由主義政策の導入，私的所有権の強化に伴い，法的位相においては一部見直し）．21世紀のアラサイレ共同体（図6-2【5】）の場合には共同体領域の全域が，エル・ピラル共同体（図6-2【6】）の場合は約4分の3が採掘可能鉱区として設定されている．

　先住民自身が採掘権を取得することによって，合法的な金採掘活動を行う可能性が切り開かれたとの見方も不可能ではないだろう．しかし，この制度的な枠組みが部外者の合法的介入の後ろ盾となってきたことは否めない．先のグレイの研究（Gray, 2002）は，1980年代以降，カレネ川付近のサン・ホセ・デ・カレネ共同体（1986年土地権認定，図6-2【2】）において，侵入者との抗争が激化し，死傷事件にまで行き着くさまを詳細に報告している．

　まとめよう．共同体領域への干渉は何も，2010年代以降の軍事掃討作戦によって始まったわけではない．部外者の流入を助長してきたのは他ならないペルー政府であり，今日まで続く紛糾の責任から自由ではない．そして，孤立・初期接触先住民等，未だ法的地位を確立していない多くの先住民が，より脆弱な立場に置かれていることにも十分に留意しておく必要がある．

3.3 2010年代の金採掘ゾーニング政策

　21世紀，金採掘をめぐる衝突が社会問題化する中，ペルー政府は，先住民共同体領域内における採掘許可の停止と再開を繰り返し，場当たり的な対応に終始した．2010年代，ラ・パンパにおける強硬な取り締まりの実施はこのような変遷を経てのものなのだった．ペルー政府が周辺地域の直接統治へ乗り出した．

　2010年代以降の環境政策の軸は**ゾーニング政策**，すなわち採掘の許可地域（鉱回廊）と禁止地域の分離である（図6-2）．採掘許可地域においては，行政手続きをしていない採掘者に，採掘権の取得を呼びかけ，公的制度への組み込みを図る．バッファーゾーンを含む自然保護地域は，一部例外を除き禁止地域となり，そこでの操業はすべて違法採掘である．この枠組みに従わない者は，すべて軍事掃討作戦の標的となった．

　このゾーニングの素案は，21世紀に入ってからの地方分権化の流れの中で，地方政府主導で策定されたものであった．しかし，金採掘問題に伴う社会的分

断の深刻化もあり，FENAMAD 等の先住民の声が反映される余地はなかった．国策へと組み入れられ，再度上から降って来たゾーニング政策によって，アラクブ語系先住民の法定領域は鉱回廊に隣接し，アラサイレ共同体は完全に囲い込まれた．これを先住民自治への追い風と見なすことはできるのだろうか．

当初，ラ・パンパを中心に展開された軍事掃討作戦は，違法採掘者の分散と，共同体領域への侵食という逆説的な事態を招いた．現行「復元計画」の開始（2021 年）以降は，バランコ・チコ共同体（1988 年土地権認定，図 6-2【4】）が軍事行動の主要な舞台の 1 つとなった．

先住民側にも，軍事掃討作戦に期待する声があるのは事実である．武装化した採掘者を自力で追い出すことは不可能であり，軍事介入が要請された場合もある．2014 年のプエルト・ルス共同体（1986 年土地権認定，図 6-2【3】），2018 年のマセナワ共同体（2013 年土地権認定，図 6-2【1】）が，その例である．後者においては，実際に介入が現実化したが，それは採掘者の怒りを呼び，報復的な焼き討ち事件へと発展した．

違法採掘取締りの広域化は思わぬ方向にも，火の粉をまき散らす．近隣における軍事掃討作戦のあおりで採掘者が共同体領域に入り込んできたと，筆者に語ってくれたのは，アラサイレ共同体の成員である．

先住民共同体が，否応なく軍事掃討作戦との接点を持たざるを得なくなる状況は，着実に醸成されている．軍事介入の是非とは，当該共同体のみならず，広域的な観点から検討されるべきものである．

3.4 道路建設——南米地域統合の中で

広大な密林に支えられて暮らしてきた先住民たちの世界が，侵入者によって続々と切り崩されている．森林破壊や軍事衝突の波は，奥地へと追いやられ，共同体としての法的地位と引き換えに，一定の領域内に閉じ込められた人々のもとにまで押し寄せている．どこに問題があったのか．MDD 県を俯瞰してみれば，その中央を**大陸横断道路**が貫いていることに改めて気づく．

2010 年代，既に錯綜状態にあった空間へと人流が加速する中，ペルー南部アマゾン地域の緊張感は否応なく高まった．クスコとの道路接続（1960 年代）以降の展開を振り返れば，道路建設が周辺地域への介入の梃子となり，地政学的バランスを一変させてきたことは明らかである．乱開発の遠因を作りつつ，

それを軍事力で鎮圧する．マッチポンプのような政策的現実の中，アマゾン地域のなし崩し的な国家による**領有**が進行している．アマゾン先住民の自治権主張は，現在進行形における**国内植民地化**というより広範な理論的枠組みにおいても吟味すべき問題であろう．

そして，別方向からの検討ラインも見えてくる．国境地帯に位置する MDD 県が，大国ブラジルとの二国間関係に深く規定された場であったことが，ポイントとなる．ブラジル側から見れば，大陸横断道路（21 世紀に進展している**南米インフラ統合計画**）は大西洋方面からの西進政策の延長線上に位置するものだった．世界銀行・米州開発銀行からの融資を梃子とした道路舗装化計画が浮上する中，1980 年代後半，MDD 県に隣接するブラジル・アクレ州は世界的な反開発運動の中心となってもいた．このような歴史的事実を踏まえれば，「環境の世紀」に入ってのペルー政府の決定はよりいっそう罪深い．

自然保護と開発の塗り分けといったペルー国内の議論とは次元を異にする国際的力学の中，南米大陸内陸部の国境地域は揺れている．

ワーク3

ペルー政府の環境・開発政策の問題点はどこにあったのだろうか．

4 問いの答えを探る 軍事介入の前に

本章では，先住民世界への軍事介入は正当化されるのか，という問いを軸に，ペルー南部アマゾン地域の環境・開発をめぐる問題を概観してきた．軍事化するペルー環境政策の矛盾をえぐり出すことが眼目だった．

第 1 節で，2010 年頃の自然保護地域内における違法金採掘の進展が軍事掃討作戦の直接的な契機となったことを確認した．続く第 2 節では，20 世紀以降の先住民の足取りを振り返り，奥地へと追いやられ生活空間を着実に切り詰められてきた歴史を跡付けた．

第 3 節では，1970 年代以降のペルー政府の環境・開発政策と先住民世界との接点を掘り下げた．その第 1 項では，自然保護政策を取り上げ，石油開発との緊張関係を焦点化した．1990 年代，ペルー政府は，環境と開発の両立を図るべくゾーニング概念を導入したが，その背面では石油開発が優先され，自

然保護地域は縮減されることになった．違法金採掘者を指弾するのなら，開発を推進して来たペルー政府の姿勢も等しく問われる必要がある．そして，自然保護・環境保全という響きの良い言葉も，周辺地域への介入を正当化する口実となっていないか，慎重に吟味すべきであることを示唆した．

　このような知見のもと，第2項ではMDD県に特異な展開，もう1つの開発である金採掘に光を当て，鉱業政策に分析を加えた．1970年代後半以降，ペルー政府はアマゾン地域における金採掘を推進し，先住民世界へも部外者が合法的に介入できる制度的枠組みを用意してきた．たとえ土地所有権を認定された先住民であっても，その立場は非常に脆弱であり，これが現在へと続くMDD県の錯綜の淵源ともなっていることを確認した．他方，未だ法的地位すら確立されていない先住民たちの存在を踏まえれば，画定された共同体領域内での自治問題として議論を矮小化すべきではなく，領域への囲い込みの歴史こそが俎上に載せられなければならないだろう．

　第3項では，ペルー政府が，周辺地域の直接的な統制に乗り出した2010年代以降の展開を素描した．ここで機軸に据えられた金採掘ゾーニング政策によって採掘許可地域から外された先住民共同体は一見，野放図な開発を免れたようにも見える．しかし，自然保護をスローガンとした軍事掃討作戦が広域化する中，そのあおりを受ける状況が生起している実態を確認した．

　以上の内容を通して筆者が伝えたかったのは，周辺地域の現場で起きている出来事を，共同体領域内の自治問題などと分かりやすい形で整理してしまうのではなく，広域的・歴史的視野を確保した上で，問題の本質を考え抜く姿勢の重要性である．安易に軍事力による解決を目指す前に，なし得ることは多い．脆弱な立場に留め置かれた先住民たちを開発の荒波へと引き込んできたアマゾン法制，その失策への省察が出発点に据えられるべきことは言うまでもない．先住民の存在をなおざりにしながら，頭ごなしに策定された大陸横断道路の建設から見てとれるのも，植民地化の歴史が決して過去のものではないという現実ではなかったか（第4項）．そして，このような発想をもってすれば，本章冒頭の【資料】で取り上げた先住民の非難の声には，また別様のニュアンスを聞き取ることも可能となるだろう．

　ブラジルからMDD県を経て太平洋へと至る国際幹線道路はなぜ建設されたのか．その先に連なるのは，私たちの暮らす東アジアの巨大市場である．ゴム採取や石油開発を介したペルー南部アマゾン地域と日本との歴史的なつながり

については，本章でも触れたとおりである．南米大陸ははるか遠くに位置しながらも，決して隔てられた場ではない．私たちの食生活が，森林破壊とどのように，どの程度結びついているのか，などと思索を始めてみるのも一案だ（Du Bois, 2018）．

ワーク4

本章冒頭の【資料】を，改めて解釈してみよう．

キーワード

軍事掃討作戦：ガルシア政権期（2006-2011年）に公布された緊急令012-2010号に始まり，ウマラ政権期（2011-2016年）には「Aurum作戦」によって大規模化した．その後の歴代政権は新機軸を打ち出しながらも，MDD（マドレ・デ・ディオス）県における作戦行動を継続している．現行計画はクスコ県やプーノ県にも跨る．

アラクブ語系先住民：MDD川流域の主要民族．PM（プエルト・マルドナルド）市より上流部を主な居住域とする．MDD川の支流河川名に「人」を表す接尾辞「エリ」を付したサブグループが存在する．

ゾーニング：自然保護や開発など目的別に区画を設け管理を行う手法．2000年代初頭には，ペルー政府の国家政策として位置づけられた．地方分権化とも絡め議論が進展し，2004年には生態経済ゾーニング規則が公布された．

ブックガイド

Du Bois, C. (2018) *The Story of Soy*, London: Reaktion Books（和田佐規子訳『大豆と人間の歴史――満州帝国・マーガリン・熱帯雨林破壊から遺伝子組み換えまで』築地書館，2019年）．食材とは限定されない大豆の多様な用途を踏まえながら，現代世界の地政学を描く．

Gray, A. (2002) *Los arakmbut: Mitología, espiritualidad e historia*, Lima: IWGIA y el Programa para los Pueblos de los Bosques. アラクブ語系先住民の1990年代までの歩みを知るための必携書．

Mendes, C. (1989) *Fight for the Forest: Chico Mendes in His Own Words*, London: Latin America Breau（神崎牧子訳『アマゾンの戦争――熱帯雨林を守る森の民』現代企画室，1991年）．ブラジル・アクレ州のゴム採取人指導者の半生と反開発運動から学ぶ．

村川淳（2024）「ペルー南部アマゾン地域，マドレ・デ・ディオス州における違法金採掘問題と先住民社会の現在――2010年代，事前協議枠組みの編成を見据えつつ」（宇佐見耕一編『ラテンアメリカと国際人権レジーム』晃洋書房）．本章で扱われた問題を，2010年代の事前協議枠組みの編成やアラサイレ共同体との関係からより詳細に検討している．

ワークシート

ワーク1

先住民世界への軍事介入は正当化されるのだろうか．賛成と反対の両方の立場から考えてみよう．

ワーク2

先住民にとって自然保護地域の設立はどのような意味があったのだろうか．

ワーク3

ペルー政府の環境・開発政策の問題点はどこにあったのだろうか．

ワーク4

本章冒頭の【資料】を，改めて解釈してみよう．

第Ⅲ部
多文化主義の推進 2
──生存戦略──

第7章 コミュニティ参加型ツーリズムは先住民を救うか
——メキシコ先住民クミアイの挑戦——

福間真央

1 問いを発見する
観光と先住民

　メキシコの先住民エコツーリズムを紹介するホームページ「先住民の楽園（パライソス・インディヘナス）」には以下のようにある.

　「クミアイの人々と共に時を過ごし，彼らの話を聞き，遺跡を訪れ，伝統料理を味わいましょう．メキシコ北部の先住民の伝統文化とそのコミュニティを統合したエコツーリズムプロジェクトは，訪れる人に忘れられない体験を提供します．あなたが文化愛好家であれば，探検，アクティビティ，共生のための空間があり，クミアイ文化についてもっと学ぶことができます．ここでクミアイの伝統が自然への配慮と共生を可能にしていることに気づくでしょう．また，この村を歩けば，インスピレーションと，継続する力を与えてくれる自然を発見することができます」.

　環境への負荷の少ない，新しい観光の形態を求める動きは 1990 年代に始まった．1992 年の環境と開発に関する国連会議，通称「地球サミット」以降，持続可能な観光の実現が叫ばれるようになった．そこで注目されたのは，先住民が多く住む自然豊かな地域である．2002 年に開催されたエコツーリズムサミットでは，生物多様性と文化的多様性の保全における先住民コミュニティの役割が指摘され，エコツーリズムは環境保全と先住民コミュニティの発展に寄与できると高らかに宣言されたのである.

　これらを背景として，メキシコでも環境資源を利用して先住民コミュニティを貧困から救済することを目指す動きが始まった.

　メキシコ先住民は自然との関わり合いの中で独自の生活様式や精神文化を形成してきた．その一方で，先住民の貧困は深刻で，それは子どもの栄養失調の高さ，教育や医療へのアクセス制限，低い就学水準，不十分なインフラ整備な

どに表れている．さらに，1970 年代以降の新自由主義な政策によって，出身コミュニティを離れ，仕事を求めて都市部や米国へと移住する者が増加した．その結果，多くの先住民コミュニティでは人口が著しく減少するだけではなく，様々な要因も絡まり合い，言語や伝統儀礼などの継承が難しくなっている．

2000 年に，メキシコ国家先住民族開発委員会（CDI）は「**先住民居住地域におけるエコツーリズムプログラム**」——その後「先住民居住地域におけるオルタナティブ・ツーリズム」に名称変更——を立ち上げ，先住民コミュニティへの支援を開始した．その目的は「先住民が居住する地域の環境資源と文化遺産の持続可能な利用を通じて，先住民の経済発展に貢献すること」である．このプロジェクトを通じて，特に自然保護区に指定されている地域にある**先住民コミュニティ**に対し，観光投資プロジェクトの立案・設計，インフラ設備の提供，先住民グループの能力開発，プロジェクトの普及・宣伝・マーケティングのための補助金の給付が行われた．その結果，7 年間で 400 件以上のエコツーリズムプロジェクトが着手された（López y Palomino, 2008: 44）．

自然や伝統文化だけでなく，先住民による民芸品もまた重要な観光資源である．メキシコにおける観光収入において，民芸品の売上は 11.4 ％を占めているだけでなく，800 万人以上が民芸品によって生計を立てており，政府機関も民芸品の制作および販売に力を注いでいる（メキシコ観光庁）．例えば，国の基金である全国民芸品振興基金（FONART）は毎年コンクールを開催し，民芸品制作のインセンティブを与えているほか，様々なプログラムを通じて先住民コミュニティに民芸品制作のための材料や資金を提供している．

ワーク1

エコツーリズムは先住民コミュニティになにをもたらすことができると想定されているだろうか．

---

2 問いを調べる
先住民クミアイコミュニティの観光化

ここでは，バハ・カリフォルニア州の先住民クミアイの観光プロジェクトについて紹介する．クミアイコミュニティの観光化について，1) バハ・カリフォルニア州の観光，2），先住民クミアイ，3) ピニョン村におけるエコツー

リズムプロジェクトという点から見てみよう．

2.1　バハ・カリフォルニア州の観光

　バハ・カリフォルニア州に位置するティファナ・ロサリート・エンセナダの沿岸回廊は，温暖な気候に恵まれ，複数のビーチを有していることから，北米，特に米国からの観光客が多い地域である．この中でも観光インフラが整備され，海外からの観光客が増加しているのが，米国とメキシコの国境から130kmの距離にある港町エンセナダである．さらに，近年ではエンセナダ近郊にあるワインルートが注目を浴び，現在では毎年約75万人が訪れる，国内でも有数のワインツーリズムの名所となっている．

2.2　先住民クミアイ

　クミアイ（Kumiay）は米国のカリフォルニア州およびメキシコのバハ・カリフォルニア州の土着の先住民族である．かつてクミアイの領土は現在の米国とメキシコの国境を跨いで広がっていたが，1848年の国境画定後は2つの国家に分断されてしまった．メキシコには5つのコミュニティがあり，それらのいくつかはワインルートの近くに位置している．

　元来クミアイの人々は狩猟採集民だが，近代化と政府の統合政策によって定住化が進み，その生活形態は大きく変化した．現在，クミアイの人々は牧畜業，日雇い労働，民芸品制作に従事している．仕事や就学のため，一時的あるいは長期的にエンセナダやロサリートに移住する者が多く，コミュニティの維持が難しくなっている．都市部への人口流出は文化継承にも大きな影響を与えている．特にクミアイ語話者の著しい減少は，クミアイコミュニティが直面する大きな課題の1つである．

2.3　ピニョン村におけるエコツーリズムプロジェクト

　クミアイコミュニティの1つであるピニョン村（仮名）のプロジェクトについて見てみよう．ピニョン村はエンセナダから約40kmに位置する約200人の集落で，牧畜業と観光業が主な生業である．その他のクミアイコミュニティと比べると，行政機関や病院へのアクセスもよく，上水道，電気，携帯電話の通信サービスなどのインフラもある程度整っている．また，ワインルートの繁栄によって，近隣には宿泊施設，レストラン，ワイナリーなどでの仕事が多

く，村民の多くは日雇い労働者あるいは専門職員として働いている．

CBT の開始：ピニョン村のエコツーリズムプロジェクトは2003年に始動した．ピニョン村は野生生物保護のための管理地区であり，CDI によるエコツーリズムプロジェクトの対象であった．加えて，村民たちは以前から許可なく侵入し，ゴミを残していくキャンプ客に悩まされていた．エコツーリズムへの参画は，このようなキャンプ客から使用料を徴収して村の収入を増やし，村内の環境資源を適切に管理するために，村の集会で決定された．アソシエーションが結成され，コミュニティが主体的に運営するコミュニティ参加型ツーリズム（Community Based Tourism, 以下 CBT）が始まった．

CBT の発展：CDI の援助によって最初に取り掛かったのは，キャンプ場とバーベキュー場を備えたレクリエーションセンターの設置である．その後，国家森林委員会（CONAFORT）や環境・天然資源省（SEMARNART）などの政府機関の援助をえながら，2008年以降，博物館，劇場，薬草園などを建設し，クミアイの歴史や文化を紹介する場へと発展を遂げていく．

現在は，キャンプやバーベキューを楽しむレクレーションセンターと，クミアイ文化を体験する文化センターの2つのエリアが存在している．文化センターでは，年長者による祝福，民芸品ワークショップ，博物館の見学，「クリクリ」（歌と踊りのパフォーマンス），伝統的球技ピアックの体験，自然トレイル，乗馬体験，伝統料理の試食など，様々なアクティビティが提供されている．

CBT の管理・運営は村民で構成されるアソシエーションが行っている．発足当初は56名のメンバーがいたが，時間の経過と共に減少していき，現在男性2名，女性20名の22名で構成されている．アソシエーションの責任者も40代のクミアイ女性である．

経済的利益：CBT における大きな利点は経済面であり，村内で雇用を生み出し，いくつかの家族にとって収入を増やすことにつながっている．コロナ禍においては厳しい状況が続いたが，学生の団体ツアー，そして数年前からはクルーズ船の団体客の訪問によって，CBT に参加する村民たちは CBT から比較的安定した収入をえることができている．

民芸品制作も重要な収入源の1つとなっている．村に民芸品店があるほか，村外の様々なイベントでも民芸品が販売されている．ピニョン村では，クミアイの伝統的な民芸品であるサウセ（ヤナギ科の植物）やフンコ（イグサ科の植物）のバスケットだけでなく，外部講師の講習をきっかけに始めた新しい民芸品

第 7 章　コミュニティ参加型ツーリズムは先住民を救うか　　95

写真 7-1　サウセのバスケット制作
出所：2023 年 8 月，福間撮影．

写真 7-2　民芸品店
出所：2023 年 8 月，福間撮影．

（木の実のピアスやフンコのペンダント，キーホルダー，ドリームキャッチャー，村で採れる植物を使用した石鹸など）も販売している．

　観光を通じた相互理解：ピニョン村の CBT の成功は偶然ではない．発足当初は，自然を生かしたレクリエーションセンターを売りとしており，観光客との交流は最小限であった．しかし，時間の経過と共に，観光客がクミアイの文化や生活を知ることを通して相互理解する場として観光を捉え直すこととなった．そのきっかけとなったのが，バハ・カリフォルニア州の先住民族を支援する NGO を通じて提供された様々な講座であった．アソシエーションの責任者は以下のように語る．

　「そこで私たちは，自分たちの文化を知ってもらうことが最も重要なことであり，そこでは競争相手がいないことに気づいたんです．私たちは様々なアクティビティを観光客に提供し始めました」．

　このように自分たちの文化を知ってもらうこと，そしてこのプロジェクトを通じて若い世代に伝統を継承していくことがこのプロジェクトにおいて最も重要なことだと認識されるようになった．

　ピニョン村を訪れる観光客はバハ・カリフォルニア州の学生グループが主である．加えて，2017 年以降は旅行業者の斡旋のもと，北米からエンセナダに寄港するクルーズ船の団体客も訪問し始めた．彼らは，文化センターで様々なアクティビティを楽しむが，宿泊はしない．週末には，SNS や口コミを通じてピニョン村のプロジェクトに興味を持ち，訪問する観光客も多い．

　文化の継承とアイデンティティ：観光は村の子どもたちにも大きな影響を与えている．子どもたちは「クリクリ」と呼ばれる踊りや歌のパフォーマンスにおいて中心的役割を担うが，参加は強制的ではない．パフォーマーは，観光客

がやって来る度に集められ，少しばかりの金銭的支給がなされる．

　先住民への差別がいまだ残るバハ・カリフォルニア州において，土着の先住民として自らの文化を表現し，他者と交流する機会が開かれていることは，自己アイデンティティを形成し，維持していくためにも重要だろう．村民たちも，子どもたちがクミアイの歌を歌って踊ることは**文化の継承**と**アイデンティティ**の維持に必要不可欠であると認識している．

　先住民人口の少ないメキシコ北部において，ピニョン村の CBT プロジェクトは唯一の成功例だろう．実際，冒頭で紹介した，先住民居住地における，自然，歴史，文化面において優れた観光プロジェクトを紹介している「先住民の楽園」では，ピニョン村がメキシコ北部で唯一選出されている．

ワーク 2

　クミアイの人々はなぜ観光に参画したのだろうか．またクミアイ観光の売りはなんだろうか．

---

3 調べたことを考察する
CBT をめぐる議論

　先住民コミュニティが主体となって行われる観光は，コミュニティ参加型ツーリズム，先住民ツーリズム，コミュニティ・エコツーリズムなど様々な名称で呼ばれているが，いくつかの共通点が存在する．第1にコミュニティ参加型であること，第2に自然・文化・生活様式などを観光資源としていること，第3に環境や文化資源の保全を目的としていること，第4に観光を通じてコミュニティのエンパワーメントを目指していることである．

　世界中で広がりつつある CBT について，1）外部機関への従属が生み出す諸問題，2）新自由主義的保全と環境イデオロギー，3）文化の商品化と文化の客体化，4）よりよい観光に向けて，という点から考察しよう．

3.1　外部機関への従属が生み出す諸問題

　外部機関への従属：最初に指摘される問題は，資金や専門知識の乏しいコミュニティが事業主として市場に参入する際に発生する外部機関への従属の問題である．メキシコのエコツーリズムプロジェクトに関する政策を考察したロ

ペスとパロミノは，CDI のプログラムの計画性や継続性の欠如を指摘する．400 以上のプロジェクトの成功には圧倒的に予算不足だったため，CDI による支援は最低限の観光インフラの整備に充てられ，エコツーリズムを軌道に乗せるために必要な資金は残されていなかった．その結果，プロジェクトは継続性を欠き，その多くは失敗に終わった（López y Palomino, 2008: 44-47）．

　政府機関による支援が限られている中で，最低限の需要と観光インフラを確保するために，コミュニティは外部機関の経済支援に依存せざるをえなくなる．その結果，利益は市場で最も有利な立場にある外部のアクターに集中する一方で，コミュニティには環境・社会的コストがかかるという問題が生じる．また，外部機関によって決定される環境政策は，従来の経済活動の大きな制限や禁止につながり，コミュニティ内部で資源利用をめぐる対立が生じる（Durand, 2014；Vargas del Río y Brenner, 2013）．

　例えば，オアハカ州ベンタニージャのエコツーリズムプロジェクトは，成功例として紹介されることが多いが，社会的結束や互酬性の低下を招くばかりでなく，コミュニティ内の格差を助長することになった．地元のエリートがエコツーリズムに向けて，政府機関や環境 NGO，旅行業者などの外部アクターと結託し環境資源へのアクセスを制限したことで，環境資源の利用をめぐって村民間に対立が起きた．その結果，大多数の村民がその利用権を失うこととなった（Vargas del Río y Brenner, 2013）．このように，小さなコミュニティが市場に参入し，巨大な外部アクターと取引することによって，コミュニティ内部の持つ者と持たざる者の間の格差が広がり，社会構造が崩壊していく場合がある．

　ピニョン村の経験：ピニョン村ではどうだろうか．CDI による支援はわずかであったため，資金力がなく専門知識も乏しい小規模の村で観光を発展させるのは容易ではなかった．アソシエーションは観光インフラの整備のためにその他の政府機関による支援を探し続けなければならかった．プロジェクトが軌道に乗るまでに 10 年以上かかったのは，そのためである．

　資金的な問題に加えて，技術的な問題もあった．政府機関への助成金の申請や，SNS を使ったマーケティングやプロモーションも自分たちで行わなければならないからである．アソシエーションの責任者は，CDI による支援不足をいくどとなく指摘し，政府機関および NGO の助成金や支援プログラムを度々申請し，ようやく今の設備と体制を作り上げることができたと語っていた．

　ピニョン村の CBT が一定の利益を上げ始めたのは，旅行業者や政府機関の

力が大きい．前述したように，ピニョン村に訪れるのは主に国内外の学生グループやクルーズ船の団体客であり，外部のアクターとの協業によって成り立っている．しかし，強調すべきは，ピニョン村は特定の旅行業者に依存しているわけではなく，複数の旅行業者と連携して多様なゲストを受け入れていることである．つまり，1つの外部アクターに依存することなく，連携先を多様化させ，ある程度 CBT をコントロールできているのである．

　加えて，ピニョン村は観光だけに依存しているわけではない．ピニョン村の主要産業は牧畜業である上に，アソシエーションのメンバーのほとんどは女性であり，彼女たちの中には近隣のワイナリーやレストランなどでも働いているものもいる．つまり，観光収入は，牧畜業や賃金収入に準ずる副次的なものに過ぎないのである．

　村内の軋轢：観光はメリットをもたらすばかりではない．最も大きな問題は観光化によって生じる村内の軋轢や摩擦である．プロジェクト発足後数年間はほとんど収入もない中，施設の清掃などの仕事がメンバーに課せられていたために，その成功に疑問を抱き，多くのメンバーが脱退していった．

　しかし，プロジェクトが軌道に乗り始めてからは，労働対価としての給料のほかに年末手当がメンバー全員に均等に支払われている．こうなってくると，アソシエーションに参加しなかった者や脱退した者は面白くないだろう．観光客の増加は新規ビジネスの好機となり，ワイン生産やレストラン経営などに着手する者が出てくる中で，徐々に村内で競争が生まれ，かつての一体感は失われつつある．

　さらに，このような新規ビジネスに対する政府機関からの支援は村民の間で公平ではなく，支援の有無をめぐって妬みや嫉妬が渦巻いている．現在の運営方法では，受益者が一部の者に限られており，政府の資金援助を発端として亀裂や摩擦につながっている．またクミアイ全体で考えた場合，観光に参画した3つのコミュニティのうち継続的に潤っているのはピニョン村だけであり，クミアイの人々の中でも格差が広がっている．

3.2　新自由主義的保全と環境イデオロギー

　新自由主義的保全：デュラントは，1970 年代以降，市場経済化と民営化を促す新自由主義が，環境保全と癒着したと指摘する（Durand, 2014）．環境問題が表面化していく中で，自然保護区の設立などの権威主義的な環境保護のモデ

ルから，地域社会を巻き込んだ，より公平で効率的な環境保全の必要性が主張されるようになった．こうして，市場の効率性と環境保全の両立を目指す**新自由主義的保全**が誕生した．ここで想定されるのは，自然に経済的価値を与え，その保全によってその所有者に利益をもたらすという win-win の関係である．

このモデルにおいて重要な役割を担う地域コミュニティは，農村部における事業主となり，地域の持続可能な開発と保全を同時に推進しながら，自然資本を利用して新たな商品を生み出すことが求められる．このように新自由主義的保全は環境危機の解決策であるだけでなく，新たな投資拡大の機会とみなされるようになったのである．

環境イデオロギー：コミュニティは，エコツーリズムに参入するために，**環境イデオロギー**に合わせた自己表象を行う必要に迫られる．つまり，環境団体や環境活動家が望むようなイメージを自己投影し，表象する必要が生まれるのである．具体的には，「森を守る先住民の知恵」「自然と共生する先住民」などのイメージが使用され，普及するようになった．このような流れは，「持続可能な開発」などのようなエコツーリズムを支えている言説の中に潜むイデオロギー性を見落とすことにつながると須永和博は注意喚起している（須永，2012）．

ピニョン村のケースを見てみよう．ピニョン村はメキシコ政府が策定したエコツーリズムの枠組みをもとに，豊かな自然と伝統文化の保全を目的として観光業へ参画し，成功を収めた．しかし，それと同時に環境イデオロギーによって付与されるイメージは，観光の場で生産される文化やアイデンティティ交渉に少なからず影響を与えている．例えば，冒頭部で紹介した政府機関のホームページや環境メディアでは，「自然との共生」が強調され，「温暖化に抵抗する先住民」として表象されていることは見逃すべきではない．

3.3　文化の商品化と文化の客体化

従来，観光は文化変容の一例として取り上げられることが多い．観光によって文化がひとたび商品化されると，ホスト社会にとっての意味が失われるという懸念が幾度となく示されてきた．これは，「観光は文化を破壊する」という見方である．

これに対して，観光の場で創造される文化に焦点を当て，観光への参画によって生まれるポジティブな面を指摘する研究やホストの主体性に着目する研究が増えている．そこでは，ホストにとって**文化の商品化**は必ずしも文化的意

味の喪失につながるわけではなく，長らく失われていたローカルな意味の発見や，文化的アイデンティティにアクセスするための新たな方法を提供することが指摘されている（Ruiz-Ballesteros and Hernández-Ramírez, 2010）．

　この点に関して，太田好信は，文化を操作できる対象として新たに作り上げることを**文化の客体化**と呼び，文化の客体化によって作り出された文化は選択的かつ解釈されたものであると述べる．そして観光はホストとゲストの間の力の不均衡を土台として成り立っているが，同時に他者から押し付けられるイメージを操作し，自己アイデンティティを支配集団に主張できる場でもある（太田，1998: 72, 80）．この意味において周縁に置かれた人々が日々ゲストとの交流を通じていかに自己アイデンティティを形成していくかという点も視野に入ってくる．このような視点から考えれば，観光は**アイデンティティ交渉**の場と捉えることもできるだろう（太田，1998；須永，2012）．

　ピニョン村でも文化の客体化が起こっている．観光に参画していく中で，観光客に提示されるべき文化が選択され，再解釈され，ピニョン村独特のものとして形作られていった．このようなプロセスを経て生まれたのが現在文化センターで提供されている，様々なアクティビティである．

　文化の客体化が顕著に現れている例として，博物館を紹介しよう．博物館は政府機関の援助を受け，2008 年にピニョン村の歴史と文化を紹介する目的で建てられた．博物館の展示には外部機関の支援を受けたが，何をどのように展示するのかは，アソシエーションのメンバーに委ねられた．つまり，博物館の建設を契機としてピニョン村の歴史と文化を考えることとなり，そのプロセスの中で後世に残したいものや，観光客にアピールしたいもの，ピニョン村独自だと思われるものが選択され，展示というかたちで表象されたのである．

　博物館の展示を見てみると，村の歴史が再構築される様が見て取れる．まず，ピニョン村近くで見つかった岩絵のレプリカから始まり，近くで発掘された大型の粘土陶器や大型のバスケット，伝統的衣装や伝統的な遊び，昔から使われている馬具や農具，カウボーイ文化の紹介や，村の創設者の写真なども展示されている．さらにこの展示には文字による説明がなく，村のガイドによる解説が必須となっていることから，自分たちの言葉で村の歴史や文化を伝えたいという意図も感じ取れる．加えて，文化の客体化のプロセスの中で，伝統的球技ピアックの復興や，長らく忘れ去られていた伝統的な料理のレシピが発見されるといった現象も生じた．

しかし一方で，文化の商品化によって伝統的価値観が変容してしまったことを嘆く者もいる．ピニョン村の教員であるハビエル（仮名）は，若者がクミアイ語や歌を学ぶことに興味を示さないこと，近年クリクリが観光の場以外で行われなくなったこと，またその開催は外部から押し付けられた形で成立し，政府の援助に依存していることを指摘する．つまり，アイデンティティの核である歌や踊りが観光という場で商品として取引され，パフォーマンスとして演じられるようになった結果，各自が持っているものを持ち寄り，与えあうというクリクリにおいて共有されていた伝統的価値観が失われているという．

これに対抗するべく，2018 年から新しい試みが始まった．政府の支援を受けることなく，伝統的な形でクリクリを開催する「ニャオハップ（Ňa Ojap）」である．これを通じて，観光とは異なった文脈において若者たちに伝統的知識と文化の継承が行われている．ここからわかることは，観光現象を通じて**カウンターカルチャー**の契機が生まれるということである．

3.4　よりよい観光に向けて

ピニョン村における CBT は，特定の旅行業者に依存しない体制を構築し，多様な収入源を確保することによって，村の社会構造を崩壊させることなく経済的利益を享受できている．また CBT は，文化の継承という点でも貢献している．しかしそれと同時に，CBT は，経済格差や社会的軋轢の原因になったり，文化の商品化によって伝統的価値観にも影響を及ぼしたりしている．

では，みなが幸せになれるような観光を達成するには何が必要だろうか．そのほかの CBT の事例から考えてみよう．タイの例では，平等主義に基づき，CBT のメンバー全員に仕事と利益を均等に振り分け，さらに収益の一部を村に還元するシステムがある（須永，2012）．エクアドルの例では，CBT の事業収入は，コミュニティ基金に寄付され，コミュニティ全体に還元されている (Ruiz-Ballesteros and Hernández-Ramírez, 2010)．このように，CBT の収益の分配方法を見直し，プロジェクトのメンバーだけではなく，村民みなが受益者となれるような仕組みづくりが必要だろう．

これらの事例で共通しているのは，従来の経済活動を維持しながら観光業に参画し，観光に依存しすぎることなく，コミュニティの機能を維持していることである．言い換えれば，コミュニティが主体となって CBT を管理・運営する体制を作り上げることが重要である．そうすれば，市場は，コミュニティの

102 第Ⅲ部　多文化主義の推進2

連帯を強化し，遺跡や伝統など長らく失われていたつながりを発見する機会を
与えてくれる．さらにコミュニティは，観光を通じて主流社会にむけて先住民
性を表明し，自らの主張をアピールする絶好の機会を得ることができるのであ
る（Ballesteros and Hernández-Ramírez, 2010: 223）．

ワーク3

CBT のメリットとデメリットを書き出してみよう．また，CBT の成功
には何が重要だろうか．

---

4 先住民コミュニティにおける持続可能な観光とは
問いの答えを探る

本章では，メキシコのバハ・カリフォルニア州の先住民クミアイが運営する
CBT について考察した．

ピニョン村は，バハ・カリフォルニア州の先住民が自然との共生する中で育
んだ伝統文化や知恵を体験できる場所として国内外で認知され，観光地として
成功を収めた．しかしこれは稀なケースで，CDI の支援をうけて始められた
プロジェクトの多くは数年以内に破綻したり，停滞したりしている．

メキシコの CTB の経験から以下のことが分かるだろう．

第1に，CBT が成功するには，観光の目玉となる美しい自然や文化を持
ち，観光客用の宿泊施設があるだけでは不十分だということだ．CBT の成功
には，魅力的な観光イメージの形成や観光インフラの整備に加え，SNS を駆
使したマーケティングをする人材がいることや，政府機関・環境 NGO・旅行
業者との間で広くネットワークを構築するなど，様々な条件が必要になる．

第2に，外部機関と連携しつつ先住民コミュニティ自身が CBT を管理運営
できる体制を作り上げ，CBT を通じてコミュニティの連帯を強化できるかが
重要になる．観光は相反する社会現象を生み出す．うまく機能すれば先住民コ
ミュニティを貧困から救う救世主となりえるが，それと同時に，観光は様々な
問題を露呈する．先住民コミュニティが主体となる体制が構築できれば，
CBT は，このような問題に対処しながら真の意味で**エンパワーメント**を達成
する手段になるだろう．

第 7 章　コミュニティ参加型ツーリズムは先住民を救うか　　103

ワーク 4

　CBT は先住民コミュニティを救うことができるのだろうか．考えてみよう．

キーワード ●●●

コミュニティ参加型ツーリズム（CBT）：コミュニティ参加型の観光形態．環境や文化資源の保全を目的としつつ，自然，文化，生活様式などを観光資源として利用することでコミュニティの維持と発展を目指すものである．

クミアイ：バハ・カリフォルニア州土着の先住民族．州内の先住民人口は総人口の約 3 ％と少なく，その中でもクミアイの人口は約 2 ％に過ぎない．1960 年代以降，国内，主にオアハカ州の先住民族の移住が加速しており，現在バハ・カリフォルニア州では州外出身の先住民が多数を占めている．

文化の客体化：文化を操作できる対象として新たに作り上げることを意味し，観光の場で見られる現象の 1 つである．

ブックガイド ●●

Durand, L. (2014) "¿Todos ganan? Neoliberalismo naturaleza y conservación en México", *Sociológica*, 29(82): 183-223. 新自由主義と環境保全が結合していくプロセスを批判的に検討し，問題提起を行っている論文．

López, G. y B. Palomino (2008) "Políticas públicas y ecoturismo en comunidades indígenas de México", *Teoría y Praxis*, 5: 33-50. メキシコの先住民コミュニティにおけるエコツーリズムの発展を考察した論文．

Ruiz-Ballesteros, E and M. Hernández-Ramírez (2010) "Tourism that Empowers? Commodification and Appropriation in Ecuador's Turismo Comunitario", *Critique of Anthropology*, 30(2): 201-229. エクアドルにおける CBT がコミュニティの強化につながるのかを考察した論文．

Vargas del Río, D. y L. Brenner (2013) "Ecoturismo comunitario y conservación ambiental: la experiencia de La Ventanilla, Oaxaca, México", *Estudios Sociales*, 21(41): 33-63. メキシコ，オアハカ州におけるコミュニティ参加型エコツーリズムを批判的に検証・考察した論文．

太田好信（1998）『トランスポジションの思想――文化人類学の再想像』世界思想社．第 2 章は観光における文化生成のプロセスとホストの主体性に着目した論文であり，観光人類学を学ぶ学生にとって必読である．

須永和博（2012）『エコツーリズムの民族誌――北タイ山地民カレンの生活世界』春風社．タイにおけるエコツーリズムの例に，観光と森林利用をめぐって生じる様々なアクター間の交渉に焦点を当てて考察した本である．

ワークシート

ワーク1 ....
　エコツーリズムは先住民コミュニティになにをもたらすことができると想定されているだろうか.

ワーク2 ....
　クミアイの人々はなぜ観光に参画したのだろうか. またクミアイ観光の売りはなんだろうか.

ワーク3 ....
　CBTのメリットとデメリットを書き出してみよう. また, CBTの成功には何が重要だろうか.

ワーク4 ....
　CBTは先住民コミュニティを救うことができるのだろうか. 考えてみよう.

第8章　**コスタリカの先住民居住区になぜホテルができたのか**
──今「先住民ツーリズム」に期待されること──

額田有美

1 問いを発見する
観光（ツーリズム）と先住民居住区

　「観光がもたらす効果とは」と聞かれたとき，多くの人がまず口にするのはおそらく経済的価値だろう．たしかに観光は，当該地域の経済開発を促す強力なインセンティブであり，利益をうみ出すための手段であることは間違いない．しかし，観光に経済的価値以上の「何か」を期待する人々もいる．本章では，コスタリカ共和国（以下，コスタリカとする）南部に位置するカバグラ先住民居住区の事例より，その「何か」とは何なのかを探ってみよう．

　コスタリカは，中央アメリカに位置する人口約500万人の共和国である．観光産業は1990年代にこの国の基幹産業へと成長し，2013年にはGDP全体の約5％を観光分野が占めるようになった．新型コロナウィルスのパンデミックで打撃を受けたものの，2023年現在は欧米諸国からの旅行者を中心に観光客数は好調に回復しつつある．

　コスタリカは，「エコツーリズム発祥の地」とも呼ばれる国である．そのコスタリカを訪れる観光客にはいくつかの共通点がある．中産階級以上の，欧米諸国をはじめとする先進国出身者が多いことや，自国にはない「自然」を享受することが観光の主な目的であることなどだ．そのため，これらの人々がどこを目指し，どのようなルートで観光するかも自ずと共通する部分がある．

　観光客は，まず首都サンホセに到着する．ここには，空の玄関口であるフアン・サンタマリア国際空港や，越境長距離バスのターミナルが集中しているからだ．次に目指すのは，国内各地に散らばって設けられた自然公園・自然保護区やその周辺の観光スポットである．例えば，北部に位置するモンテベルデ自然保護区や南部太平洋側のマヌエル・アントニオ国立公園が人気だ．温泉も楽しめる火山周辺の町々や，サーフィンやホェールウォッチングが可能なビーチ

を目指す者も多い．

　他方，観光客の目的地にも移動ルートにもまず入らない地域もある．それがプンタレナス県南部の内陸にあるブエノスアイレス郡だ．ブエノスアイレス郡には，コスタリカの先住民集団であると公認されている8つの民族集団のうち，4つの集団（ブリブリ，カベカル，ボルカ，ブロラン（以前はテラバという集団名で知られていた））のために設置された先住民居住区（territorio indígena）が6つ存在する．その1つがカバグラ先住民居住区（以下，カバグラとする）である．

　コスタリカにおける先住民居住区とは，先住民コミュニティが一定程度の自治的統治を行うことが公的に認められている地理的空間である．1956年の大統領令第34号により先住民居住区が明文化されて以降，各居住区の境界線が徐々に画定された結果，現在のかたち，つまり8つの民族集団（ブリブカル，ノベ，ボルカ，ウエタル，ブロラン（テラバ），マレク，チョロテガ）を想定した計24の先住民居住区が誕生した（図8-1）．現地調査を重ね，境界画定にあたり重要な役割を担ったのは，米国出身の著名な考古学者・人類学者ドリス・ス

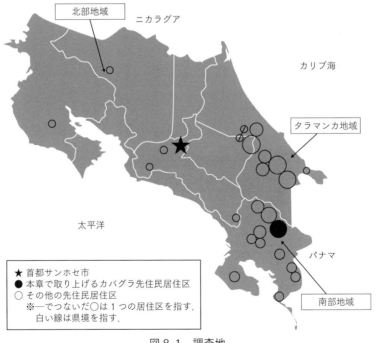

図8-1　調査地

出所：筆者作成．

トーンらであった.

ラテンアメリカ地域では珍しく先住民居住区が存在するという事実からも示唆されるとおり，コスタリカでは，域内近隣諸国のような混血性ではなく，白色性に基づく国民統合が永らく推進されてきた．つまりこの国の先住民政策の特徴は，先住民居住区を首都圏外の周辺地域へ集中させることで，先住民の存在を「国民」概念から排除してきた点にある．ただし，別の見方をすると，カバグラをはじめとする先住民居住区は，白色性を共有しない集団にとってのゾミア的な「避難地域」であったと捉えることもできる.

カバグラは，縁あって筆者がここ10年ほど調査のために通い続けている場所でもある．山奥にあり，交通の便も悪いカバグラでの滞在中，筆者が観光客らしき人を目にしたことはこれまで一度もなかった．そんなカバグラに2023年春「ホテル」が開業した.

ワーク1

コスタリカの先住民居住区とは，どのような場所なのか．映像資料を視聴し，その特徴を観察しよう.

2 問いを調べる
ホテル・ディウワク誕生の背景と現状

カバグラ初の「ホテル」であるホテル・ディウワクは，カバグラ住民でありカバグラ内のコレヒオ（中学・高校）の英語教員でもあるハビ（仮名）が，同じコレヒオで生物と社会を教える同僚であり妻のジェニ（仮名）と共に2023年に開業させた観光客向けの宿泊施設だ.

ホテルという語をわざわざカッコ付きにして表記したのは，ホテル・ディウワクが皆さんの想像するようなホテルではないからだ．ホテル・ディウワクの建物は，何を隠そう筆者が過去の調査中に間借りしていた住居をリノベーションしたものであり，ホテルというよりも民宿という言葉の方が合っているような雰囲気の施設だ．ホテル・ディウワクの「ディウワク」は，カバグラの元指導者であり，ブリブリ語とスペイン語の両方を操るハビの父親のクラン名「クラン・ディウワク（太陽のクラン）」からとったものである.

ここからは，ホテル・ディウワク誕生の背景と2023年現在の状況につい

108 第Ⅲ部 多文化主義の推進2

て，1) コスタリカの観光政策，2) カバグラの社会・文化的状況，3) 先住民ツーリズム，4) フィールドデータからの描写という4つの項目から調べてみよう．

2.1 コスタリカの観光政策

ラテンアメリカの「失われた10年」とも呼ばれる1970年代後半から1980年代前半にかけて，コスタリカは深刻な経済危機に見舞われた．その結果，コスタリカ政府は，域内諸国の例に漏れず，新自由主義的な構造調整を余儀なくされた．その際，コーヒーやバナナの輸出に重きを置いた従来の経済構造を大きく変える産業として新たに注目されたのが観光だった．

観光資源として注目されたのは，この国の豊かな自然環境である．第7章でも言及されているとおり，当時は**オルタナティブ・ツーリズム**への世界的な関心が高まりを見せていた時期でもあった．オルタナティブ・ツーリズムは，観光の大衆化に伴って懸念されるようになった環境負荷の増大や，環境主義の台頭を背景として生まれた，従来とは異なるかたちの観光を志向する世界的な動きである．

これに加え，冷戦構造の終結以降の政治経済的再編，その中での新たな投資対象を模索する動き，さらには文化的資源に富む域内随一の観光立国ペルーの政情不安なども，コスタリカの自然環境を売りとした観光産業の発展を後押しした．こうしてコスタリカは，1990年代以降，エコツーリストのお気に入りの旅先としてその名を知られるようになっていった．

2.2 カバグラの社会・文化的状況

カバグラ先住民居住区は，太平洋側に細長く広がるプンタレナス県の南部，ブエノスアイレス郡に位置する先住民居住区である．最新の国勢調査によると，人口は約3000人であり，その7割以上の住民が自らを「先住民である」と考えている．特に「先住民ブリブリである」と自認する人が多い．

カバグラ内のコレヒオで教員ポストを得ているハビやジェニのように安定的な職に就き，定期的に給与を得ている住民は少ない．大多数の住民は，自家消費用の農作物や家畜を育てることや，カバグラ内外での一時的な労働（農業作業員，土木作業員，小売店店員など）によって生計を立てている．

カバグラは，他の先住民居住区と比較したとき，特に伝統的で先住民的な実

践が色濃く残る居住区だとは考えられていない．「民族衣装」や「民芸品」のような一目でわかる文化的特徴がある訳でもなく，ブリブリ語よりもスペイン語の方がよく聞こえてくる先住民居住区である．これには，コスタリカ政府によるスペイン語への同化を目指した長年の教育政策が大きく影響している．2010年代以降は，同化主義から多文化主義的な政策への転換が図られているものの，2023年現在20〜40代のカバグラ住民の多くは，ブリブリ語を話すことを学校でも家庭でも教えられてこなかった．

　現在のカバグラ住民の祖先は，先住民ブリブリやカベカルにとっての伝統的な空間として知られるタラマンカ地域（人類学的研究の主要な調査地）から山を越えて移住してきた人たちである．その意味において，カバグラは，タラマンカのような他の先住民居住区と比べると，歴史の浅い，比較的新しく形成された先住民集団の集住地だと考えられている．

　人々の間でもこのような認識が浸透しており，実際に筆者はこれまでの現地調査中にタラマンカ出身者がカバグラのことを少し見下したような発言をするのを聞いたことがある．また，カバグラの住民が，より「伝統的」で「祖先が生まれた」「私たちのルーツ」のタラマンカへの憧れを語る場にも何度か居合わせた．

2.3　先住民ツーリズム

　ホテル・ディウワクは**先住民ツーリズム**の試みだと，ハビやジェニをはじめとするカバグラ住民たちは口にする．しかし，明確な定義がなされている訳ではない．そこでヒントにしたいのが，コスタリカと南の国境を接するパナマ共和国の先住民クナの人々の居住区（パナマでは「コマルカ（comarca）」と呼ぶ）で20世紀後半に調査を行った米国の人類学者マーガレット・スウェインによる先住民ツーリズムの説明である．

　スウェインは，クナの人々が「民族」と「環境」の2つを強調して観光開発戦略を進化させてきたとし，これこそが，地域住民によって運営される土地と文化的アイデンティティを基盤とした観光であり，先住民ツーリズムだと説明した（1989 [2018]: 109-110）．この定義は，カバグラの事例にも当てはまる．そこで本章では，スウェインにならい，土地と「先住民である」という文化的アイデンティティを基盤とし，「民族」と「環境」とを特に強調した観光事象を先住民ツーリズムと呼ぶ．

2.4 フィールドデータからの描写

　カバグラの先住民ツーリズムは，どのような経緯を経て始まり，2023年現在どのようなものとなっているのだろうか．

　【資料1, 2】は，2015年9月の調査中に筆者が作成したフィールドノートからの抜粋である．【資料1】には，首都サンホセからやって来た政府関係者を，カバグラの主要集落の1つサンラファエルで迎えた日の様子が記されている．今思い返すと，この日の出来事はカバグラに先住民ツーリズムの波が到来する前ぶれだった．

【資料1】コスタリカ政府職員からの働きかけ

　9月3日（木）11:30am頃，国家職業訓練センター（INA）職員の非先住民男性がカバグラ先住民居住区にやって来た．15歳以上の住民を20名ほど集め，若者向けのルーラルツーリズム研修を計画しているとのことだった．来週月曜日から15:00〜21:00のスケジュールで読み書きのできる住民対象で研修を実施したいとのことだ．INA職員のこの男性は，ラ・フォルトゥナ（アレナル火山国立公園近くの町の名前）で先住民マレクの人たちが「文化で生活できるようになった」観光プログラムを成功例として挙げ，熱弁した．「カバグラにも滝などがあるのだから，観光を始める潜在力はすごくありますよ！手工芸品も良い市場になりますよ！」

　当時，このINA職員の中年男性は「ルーラルツーリズム（turismo rural）」という言葉を繰り返し用いていた．カバグラが位置するブエノスアイレス郡は，首都圏との経済格差が最も深刻化している，と指摘されてきた．この男性の目から見ると，カバグラは，安定した就職先がなく，経済的に不安定な「未開発地域」でしかなかった．カバグラをルーラルツーリズムという枠組みの中に取り込み，カバグラの若者たちに雇用を創出することがいかに意義あることかを主張した．

　しかし，INA職員の男性が持ちかけたこの提案に対して，当時，カバグラ住民たちはまったく乗り気ではなく，むしろ警戒していた．「現金収入になるからいいと思う」と口にしたのは，当時，サンラファエル集落のコレヒオ長を務めていた非先住民男性くらいだった（彼はカバグラ生まれでもカバグラ育ちでもな

い）．後にホテル・ディウワクを開業するハビは，多くのカバグラ住民同様，当時は以下のような拒否反応を示していた．

【資料2】カバグラでの観光プロジェクトに反対するハビ

9月10日（木）15:30頃，ハビが帰宅した．ハビが家の外にいる知人に大きな声で叫んでいる．その内容が私の部屋からも聞こえた．

「今日はコレヒオへは行かないよ！ あの野郎，カバグラで観光をプロモーションしたいみたいなんだぜ！」

「あの野郎」とは，【資料1】のINA職員のことだ．この男性は，観光促進の研修を行うために，またその事前の話し合いのためにカバグラを訪れていた．しかし，2015年当時，事前の話し合いの時点で，そもそも研修実施に異議を唱えるハビのような人が多かった．実は筆者は，この事前の話し合いの場に同席していた．当時の記憶によれば，INA職員は，住民たちの意見を聞こうとする様子はなく，かなり一方的に熱弁をふるい，観光がもたらすであろう経済的な効果を強調していた．

それから数年が経ち，2020年代に入るとカバグラ住民の多くが観光開発に乗り気になっていた．2022年9月に作成したフィールドノートからの抜粋である【資料3】にもその変化が現れている．

【資料3】反対から賛成へと態度を変えた住民たち

2022年9月3日（土），カバグラと同じ南部地域に位置するボルカ先住民居住区で開催された先住民リーダーたちが集う会議に出席したときのことだ．カバグラからは，私のほかにペペ，ガブリエラ，フアン（いずれも仮名）の計3名の住民代表が参加していた．午前の研修中，フアンがウハラス先住民居住区（カバグラからほど近い先住民カベカルの多く暮らす先住民居住区）からの参加者と話していた内容が私にも聞こえてきた．

フアンは，ウハラス先住民居住区の住民代表の男性が親族と共同で取り組んでいる小規模の観光プロジェクト（宿泊もできるランチョを所有地内に建設中）に興味を示した．フアン自身も同様のプロジェクトを企画中であり，今度，そのプロジェクトメンバーたちも交えた意見交換をしよう，とウハラス住民に提案していた．フアンと目が合ったので，私は「カバグラでは数年前は

ツーリズムに前向きな様子はまったく見られなかった．だけど，今は前向きになっている人が増えているんだね」と言ってみた．

フアンは「あれから少しずつ研修や会合などの機会が増え，色々学んだので今は前向きだよ」と答えてくれた．すぐそばに座っていたペペとガブリエラも私とフアンのやり取りを聞いていた．「今度，カバグラに私が来るときには，カバグラは観光地になっているかもね」と私が言うと，ペペもフアンもガブリエラも笑いながら「そうかもね」と答えた．

実はこれと同じ頃，筆者は，ハビらがコスタリカ観光庁や国連開発計画（UNDP）が支援・助成する観光プロジェクト「ライーセス（Raíces）」に応募したという話も耳にしていた．そしてその約半年後の 2023 年，同プロジェクトの融資を受け，ハビとジェニはホテル・ディウワクを開業した．営業開始日を数か月後に控えた 2023 年 1 月，Facebook 上のホテルのアカウントに公開された投稿は次のようなものだった．

【資料 4】 ホテル・ディウワクの Facebook アカウントの投稿文

私たちのホテルは，中央アメリカ，コスタリカの南に位置するカバグラ先住民居住区内にあります．まだ観光客が探検したことがないこの場所を訪れ，この美しい楽園を発見してください．私たちは自然に囲まれ，ユネスコの世界遺産に登録されたラ・アミスター国際公園の足元に位置しています．ハイキングツアー，バードウォッチング，乗馬，壮大なブリブリ文化の探求など，アクティビティを満喫いただけます．また，ブリブリ伝統の儀礼や伝統的な自然療法への参加，先住民言語，工芸品，世界の捉え方，分かち合いの価値などを感じていただけます．当施設内には，木造のキャビン，プール，食堂，遊歩道，野鳥観察，博物館，土産物店，休憩所などがあり，ユニークな先住民居住区での体験をお楽しみいただけます！

まもなくカバグラにオープンします！

筆者は，2023 年春のプレオープン時と，開業後の 2023 年夏に，それぞれホテル・ディウワクに宿泊した．筆者が寝泊まりしていた頃の年季の入った住居は，リノベーションにより内装が一新され，屋根だけでなく天井も付いた宿泊施設らしい雰囲気になっていた（写真 8-1）．トイレの位置はそのままだった

第 8 章　コスタリカの先住民居住区になぜホテルができたのか　　113

写真 8-1　ホテル・ディウワク
出所：2023 年 3 月，額田撮影．

写真 8-2　調理中のタマル
出所：2023 年 8 月，額田撮影．

が，冷水しか使用できなかったシャワーには，シャワーヘッドに装着するタイプの温水器が設置され，停電しない限りはぬるま湯が利用できるようにもなった．宿泊費は，朝食付きで1泊30米ドル程度だった．

ランチやディナーを別途オーダーできるようにもなっており，筆者が「カバグラらしい一品」をリクエストした際には，いずれも米料理のワチョ（カバグラの伝統的な料理として知られるお粥に似た料理）やタマル（カバグラではトウモロコシではなく米をベースとし，そこに豚肉などの具材を入れて調理したちまきのような料理）を用意してくれた（写真8-2）．

筆者がそうしたように，観光客は料理を注文するだけでなく，希望すれば材料や調理に使用する植物を一緒に採取しに向かうところから体験することができる．料理以外にも，観光客は先述の【資料4】で紹介されているようなカバグラならではの文化的体験を楽しむことができる．

> **ワーク 2**
> 文中の先住民ツーリズムの実例について，次の点を整理しよう．①いつ頃から観光開発の兆しがあったのか．②観光開発のきっかけは何だったのか．③観光の「売り」は何か．

3　調べたことを考察する
経済的価値以上の「何か」とは

ハビやジェニをはじめとするカバグラの住民たちは，当初は警戒し，あんなに反対していた観光プロジェクトになぜ賛成するようになったのだろうか．新

114　第Ⅲ部　多文化主義の推進2

たな現金収入の手段を獲得できるということ以上の何を，住民たちは先住民ツーリズムに期待しているのだろうか．1)「舞台」としてのツーリズム，2)「啓蒙」としての先住民ツーリズムという点から考えよう．

3.1　「舞台」としてのツーリズム

　橋本（1999）は，**観光人類学**の視点から観光客のための見せ物として上演される儀礼などを念頭において以下のように記述した．

　「さまざまな要素が介入する場が観光である．それは『本来の文脈から離れた』ものであるという観光の特徴に由来する．逆にそうであるからこそさまざまな文脈が入り交じるのである．（中略）社会的，政治的，文化的な主張の場として『観光』も使われているのだという事実が明らかになる．文化運動の活動家が効果的なアピールの場として『観光』を使っているのである．観光はその特徴ゆえに，それらの主張が行われる『舞台』を提供しているのである」（橋本，1999: 159-160).

　この指摘は，カバグラの事例を考える上でも有効である．観光の特徴が「本来の文脈から離れた」ものであり，また観光が様々な文脈が入り混じる「**舞台**」を提供するものだとすると，カバグラでの「ホテル」誕生という目からうろこの出来事にも，コスタリカ社会を先住民として生きる人々の，社会的，政治的，文化的な主張を読み取ることができる．そして，カバグラの住民たちは，観光という舞台のこの特性をよく捉えているように見える．

　コスタリカは，「先住民は絶滅した」というフレーズが恥ずかしげもなく叫ばれ，先住民の存在が不可視化され続けてきた国である．しかし，2015年に憲法が改正され，「多民族多文化国家」であることが明文化されて以降，ゆっくりとではあるが「コスタリカ先住民」の存在は確実に可視化されつつある．ハビやジェニのように観光に対する態度を変えた住民たちは，コスタリカ社会における「先住民」の意味付けが以前ほどはネガティブなものではなくなってきているという変化に気が付いている．

　その結果，彼らは，以前のように観光開発を真っ向から拒絶するのではなく，観光という舞台に参加し，この場を介して政府関係者をはじめとする他のアクターたちと交渉しようとしている．またその交渉を続ける中で，自分たちの望むようなかたちでの観光実践をうみ出そうともしている．住民たちが望むような観光実践の萌芽的なかたちが，ホテル・ディウワクで始められているよ

うな先住民ツーリズムなのではないだろうか.

3.2 「啓蒙」としての先住民ツーリズム

　筆者がこのように考え始めたときに目にしたのが，オーストラリアにおける
アボリジニ観光について考察した文化人類学者の川崎（2021）の論考である.
この論考では，アボリジニの人々にとって観光とは，経済的，政治的な意味以
上に観光客に対する「啓蒙」の意味があることが指摘されている. つまり，観
光客にアボリジニの歴史や文化，社会などについての理解を促すというアボリ
ジニ観光の意味が指摘されているのだ.

　この指摘を踏まえつつ，カバグラの先住民ツーリズムについて考える上で，
筆者はここにさらに1つ付け加えたい. それは，ハビやジェニのような年代
のカバグラ住民にとっての先住民ツーリズムとは，カバグラの歴史や文化，社
会などについての自分自身の理解を促す**啓蒙／啓発**の意味をもっているという
ことである.

　これらの住民たちは，自分自身がカバグラの「**先住民になる**」ことの意義
を，先住民ツーリズムという舞台に上がることで再確認しているのではないか
と筆者は考える. 例えば先に見たFacebookの投稿や，筆者自身も体験したホ
テル・ディウワクでの調理実践などを思い起こしてみよう. それは，「伝統的」
だとされる他の先住民居住区にも劣らないほどの様々な文化的魅力が，実はカ
バグラにも存在するのだという強い想いを，ハビやジェニのような年代の住民
が何とかかたちにしようとする試みとして理解することができる.

　コスタリカ政府のこれまでの同化主義的な政策下で，言語や文化的実践の継
承を妨げられてきた世代の人々にとって，先住民ツーリズムは啓蒙／啓発とし
ての意味を持っている. これこそが，カバグラ住民たちが先住民ツーリズムに
見出している，経済的価値以上の「何か」である.

> **ワーク3**
>
> 　先住民ツーリズムがもたらす影響について，政府関係者，先住民居住区
> の住民，観光客に分けて，できる限り具体的に考えてみよう.

116　第Ⅲ部　多文化主義の推進2

4 持続的な先住民ツーリズムを目指して
問いの答えを探る

　現時点では観光客の行先にも移動ルートにも入っておらず，一見すると観光地としての需要があるようにも思えないカバグラのような先住民居住区になぜホテルが誕生したのか．この問いに対して，本章では，経済的価値があること以外の「何か」があるからだ，という応答を試みた．そしてその「何か」とは，カバグラ住民たちが先住民ツーリズムに見出しているもの，つまり観光に携わる住民自身にとっての啓蒙的な意味であることを指摘した．

　開業したばかりのホテル・ディウワクが今後も長く営業を続ける，持続的な先住民ツーリズムの拠点となるか否かは現時点ではまだわからない．また，ホテル・ディウワクのような取り組みを批判することも難しくない．実際に筆者は，カバグラ同様に居住区内での観光開発を進めようとする若い世代の住民が出始めている別の居住区で，批判の声を聞いたこともある．観光に乗り気なのは「若い人たちばかりよ．［伝統的な実践や慣習，言語のことさえ］何も知らないのに観光客の相手なんてできるのかしら」と，筆者を前に苦言を呈したのは，その居住区在住の先住民語話者であり薬草の知識も豊富な年長女性だった．

　しかし，観光をそもそも「本来の文脈から離れた」ものだと捉えるのであれば，「何も知らない」若い世代の住民たちが，今こそ「先住民になる」ことができるかもしれない場こそ先住民ツーリズムだと考えることもできる．ハビのような若い世代の住民が，先住民ツーリズムに経済的価値以上の「何か」を見出している限り，そこにはきっと希望がある．潜在的な観光客でもある私たちがすぐにできることは，ハビのような住民たちの挑戦が良い結果をもたらすよう，先住民ツーリズムという舞台に参加し，観光客として啓蒙されることなのかもしれない．

ワーク4

　あなたなら，先住民居住区にできたばかりのホテルにどのように関わるか．その意図は何か．生じうる問題や注意すべき点は何か．

キーワード

先住民ツーリズム：土地と「先住民である」という文化的アイデンティティを基盤とし，「民族（エスニック）」と「環境」とを特に強調した観光事象．マスツーリズムへの反動であるオルタナティブ・ツーリズムの一種として注目されるようになった．

「先住民になる」：言語，衣装，親族関係といった本質的要素ではなく，個人や集団間での関係性によって先住民性の動態を捉えようとする立場を象徴的に示すフレーズ．

ブックガイド

Bruner, E. M.（2005）*Culture on Tour: Ethnography of Travel*, Chicago: University of Chicago（安村克己・遠藤英樹ほか訳『観光と文化——旅の民族誌』学文社，2007年）．調査者の存在にも注意を払った観光人類学の名著の1つ．

Smith, V. L. ed.（1989）*Hosts and Guests: The Anthropology of tourism*, 2nd Ed., Philadelphia: University of Pennsylvania Press（市野澤潤平・東賢太朗・橋本和也監訳『ホスト・アンド・ゲスト——観光人類学とはなにか』ミネルヴァ書房，2018年）．観光人類学の古典とされる論文集．本文中に紹介したスウェインの論考が収載されている．

Stocker, K.（2013）．*Tourism and Cultural Change in Costa Rica: Pitfalls and Possibilities*, Plymouth: Lexington Books. コスタリカの海岸地域や北部先住民居住区の観光実態に言及した民族誌．

Vivanco, L.（2006）．*Green Encounters: Shaping and Contesting Environmentalism in Rural Costa Rica.* New York and Oxford: Berghahn Books. コスタリカ北部の観光実態を環境主義に着目して論じた批判的民族誌．

青木保他編（1996）『移動の民族誌』岩波書店．観光人類学的視点からコスタリカの事例を論じた池田光穂「コスタリカのエコツーリズム」も収載．

越智郁乃・関恒樹・長坂格・松井郁子編（2021）『グローバリゼーションとつながりの人類学』七月社．本文中に紹介した「アボリジニ観光」についての川崎の論考が収載されている．

橋本和也（1999）『観光人類学の戦略——文化の売り方・売られ方』世界思想社．日本語で書かれた観光人類学の必読書の1つ．本文中でも援用．

ワークシート

ワーク1 ....

　コスタリカの先住民居住区とは，どのような場所なのか．映像資料を視聴し，その特徴を観察しよう．

ワーク2 ....

　文中の先住民ツーリズムの実例について，次の点を整理しよう．①いつ頃から観光開発の兆しがあったのか．②観光開発のきっかけは何だったのか．③観光の「売り」は何か．

ワーク3 ....

　先住民ツーリズムがもたらす影響について，政府関係者，先住民居住区の住民，観光客に分けて，できる限り具体的に考えてみよう．

ワーク4 ....

　あなたなら，先住民居住区にできたばかりのホテルにどのように関わるか．その意図は何か．生じうる問題や注意すべき点は何か．

第9章 ペルーの日系移民はどのような生存戦略をとってきたのか
――沖縄系コミュニティの苦難と連帯――

佐久本義生

1 問いを発見する
沖縄に集う世界のウチナーンチュ

2022年10月，那覇市国際通りを，海外から訪れた沖縄県系人や本土の沖縄県人会のメンバーなど総勢3200名がパレードした．これは沖縄で1990年からほぼ5年ごとに開催されている国際交流イベントの**世界のウチナーンチュ大会**の一場面である．**ウチナーンチュ**とは「沖縄の人」を意味する．

現在世界には約42万人のウチナーンチュがいると言われ，100以上の沖縄県人会が存在する．中でもハワイと米国本土を中心とする北米グループと，ブラジル・ペルー・アルゼンチン・ボリビアの南米グループが2つの大きな柱となっている．南米の中でもペルーの沖縄県人会の存在感は大きい（写真9-1）．規模としてはハワイやブラジルに劣るが，しっかりと組織されていて，現地の**日系社会**でも重要な役割を果たしてきた．

今日では大きく発展を遂げたペルーの沖縄系コミュニティだが，他地域への

写真9-1　世界のウチナーンチュ大会に参加するペルー沖縄県人会
出所：2022年10月，ペルー沖縄県人会提供．

移民と同じく，その歴史は決して順風満帆ではなかった．移民初期の過酷な労働環境や戦前の排日運動，戦中の財産没収や強制送還など，いくつもの困難に苛まれたのだ．ペルーの日系移民は，そうした困難をどのように乗り越えてきたのだろうか．

ワーク1

あなたの住む地域では，海外移民や日系人は身近な存在だろうか．日系移民の歴史についてあなたはどのようなことを知っているだろうか．

2 問いを調べる 日系移民が直面した困難とは

戦前から戦後にかけてのペルーへの日系移民の歴史を概観し，経済・社会・文化の3つの側面から日系移民が直面した困難について調べてみよう．

2.1 ペルーへの日系移民の歴史

日本からペルーへの移民が始まったのは1899年．日本人の海外移民の歴史の中ではハワイや米国本土より遅れるが，南米では最初の移民先であった．ペルーでは，日本人は先住民や中国人移民に代わる労働力として受け入れられた．初期の日系移民の多くは，ペルーの中央沿岸部の渓谷地帯（図6-1）において，さとうきび農園での**契約労働者**として雇用された．

さとうきび農園での労働環境や待遇は悪く，栄養失調に陥り，マラリアなどの風土病にかかる者も大勢いた．そのため，夜逃げをしたり，契約更新をせずに条件の良い農園に移動したり，都市部に出てゆく者が増えていった．日本からの契約労働者の受け入れが終了となった1923年までに，約1万8000人の日本人がペルーに渡っている．

1924年以降は**呼び寄せ移民**が中心となった．これは，既に現地で生活基盤を築いている家族や親族が保証人となり，移民を呼び寄せるという制度だ．中には実際に会うことなく，写真や手紙でのお見合いを経て渡航する**写真結婚**も少なくなかった．

こうした日系移民が増加した背景には，第一次世界大戦の影響による世界的な砂糖や綿の需要増大や，ペルー都市部の人口増加に伴う消費需要の増大が

あった．1920 年代には首都リマや，リマ西部の港町カリャオで日本人の人口が増大していった．1930 年の国勢調査によると，当時のペルーの日本人・日系人の人口は 2 万人以上にのぼっていた（我那覇，2022: 93）．

しかし，その頃にはペルー国内で反日感情が高まり，日本人を排除しようとする動きが出てきていた．ペルー政府も日系移民を対象とする差別法を制定していった．こうした**排日運動**の背景には，大勢の日本人がリマに集中して目立つ存在になっていたことや，農業や商業で成功を収めた日本人に嫉妬の目が向けられたことなどがあった．

さらに 1930 年代の中頃からは，アジア地域での日本の侵略行為が国際的に問題になった．ペルー国内でも日本人は脅威という認識が広がり，ついに 1936 年に日系移民の受け入れが終了となった．1941 年 12 月の真珠湾攻撃を境に**日米開戦**となると，ペルー政府は連合国側につき，翌年 1 月には日本との国交を断絶した．1942 年から 1945 年にかけては，戦争捕虜として 1800 名の非戦闘員が米国の収容所に強制送還された．その対象には，日本領事館の職員や日本人有力者だけでなく，ペルー国籍を有する日系 2 世も含まれていた．

2.2 日系移民の経済的困難

初期の移民が直面した課題に，**公助の欠如**と**社会的孤立**がある．日系移民は，ペルーの社会基盤であるカトリック教会を中心とするコミュニティからの援助や，学校や病院などの公的サービスを受けることができなかった．さらに，商売を始めようとしても銀行から融資を受けることもできなかった．

こうした状況を改善するために，日系移民は当初から**同業組合**を結成し，外部との交渉を行った．日本人が多く就いた職業の 1 つが理髪業であった．元手が少なくても開業できるからだ．1907 年にリマで，1909 年にはカリャオで理髪業組合が結成された．1914 年には家庭用品販売商協会が設立され，翌年には日本商業組合に発展した．1919 年にはレストラン経営者協会とリマ市場小規模商店主協会が設立されている．ペルーに住むすべての日本人の利害を代表する公式の組織としては，1917 年に**ペルー中央日本人会**が誕生した．

こうした同業組合の成功によって日系移民の商業活動はみるみる成長していった．1924 年時点での日本人在留者数は約 1 万 1000 人で，日本の親戚への送金額は毎年 250 万円にものぼったという．

しかし皮肉にも，日系移民の経済的成功はペルー社会への同化を妨げる要因

となった．同業組合の組織化がうまくいったことが日系移民の**閉鎖性と排他性**を助長し，地元社会との軋轢を生むことになったのである．

さらに，日米開戦以降は経済活動が大きく制限されていった．**敵性資産管理法**のもとで日本人所有の資産は凍結された．主だった企業や大規模店舗は強制的に譲渡させられ，耕地では私有地が凍結された．小作契約も一方的に破棄されることがあった．

実は，日系移民の経済活動へのこうした妨害は開戦以前にもあった．国際情勢の影響もあって，日系移民への風当たりが強くなっていた．「日本人がペルーを乗っ取ろうとしている」，「武器を隠し持っている」という噂が広がり，1940年5月13日，リマとカリャオのペルー人が日系移民の商店や自宅を襲った．**排日暴動**と呼ばれる事件である．この暴動での被害額は総額600万円にのぼり，全財産を失った53家族361名が帰国を決意した（東出・小山，1995）．

2.3　ペルー社会からの排除

上述したように，戦前のペルーにおける日系移民の評判は決して好意的なものではなかった．経済・人種・国際情勢などの複数の要因が日系移民に不利に作用していたのだ．

経済的には，日系移民の**経済的成功**があった．日本人は，当初は先住民や中国人移民に代わる労働力として主に農業分野で受け入れられていた．しかし次第に，都市部の商業やサービス業へと進出し，現地人の仕事を奪う存在だと認識されるようになった．ペルーで稼いだ金を日本に送金していたことや，経済的成功を収める者もいたことから，現地の人々から敵視されていった．

次に，人種的にも日本人は不利な立場にあった．スペインの旧植民地であるペルーでは，支配階層の白人は優等人種とされる一方で，被支配階層である先住民は劣等人種とみなされていた．日系移民は，白人層から見れば劣等人種だが，先住民でもないため当初は中間的な位置にいた．

しかし，日露戦争（1904-05年）で日本が勝利してから，米国特に日系移民が多く居住するカリフォルニアで日系移民に対する排斥運動が高まった．**日米紳士協約**（1907-08年）で米国への移民に制限がかけられたが，反日感情は悪化し続け，1924年の移民法改正（別称**排日移民法**）によって移民の道は完全に断たれた．ハワイ・北米への渡航制限は，南米への移民の増加につながり，排日の動きも遅れてペルーに入ってきた．1940年の排日暴動は突発的な事件ではな

く，こうした歴史的な背景があった．

さらに，第二次世界大戦が始まると，ペルー政府は他の南米諸国と同じく米国政府との協調姿勢をとった．日系移民を危険分子とみなし，公館・領事館の職員をはじめ在留邦人の有力者や知識人とその家族を拘留した上で，1942年4月から米国の収容所への**強制送還**を開始した．そこにはペルー国籍を持つ日系2世も含まれていた．送還は1945年2月まで計15回行われ，約1800名が対象となった．

こうした移民排斥はペルーの日本人に限られたものではなかった．中南米に居住していた枢軸国のドイツ人やイタリア人も対象となり，計3000名が米国に強制送還された．ただし，その内訳には大きな偏りがある．全体の3分の2近い2300人が日本人で，さらにその80％以上がペルーからの送還であった（我那覇，2022: 94）．これによりペルーの日系社会は領事館などの公的機関だけでなく，コミュニティの有能な指導者を多く失った．

ペルーから米国に送還された人々は，戦後はほとんどが日本に帰り，約300名が米国に残った．ペルーに戻れたのは約100名に過ぎない．ペルーへの帰還を望んだ大部分はペルー政府によって拒否された（東出・小山，1995）．

2.4 日系人の活動禁止と沖縄移民への差別

海外の日系移民にとって重要なのは，子弟の教育のための**日本人学校**や，日本語で情報を得るための邦字新聞，そして同郷人組織である．しかし，これらは，1942年の国交断絶後，活動が禁止された．

ペルーの日系移民は，いずれは日本に帰るつもりの**出稼ぎ志向**だったが，滞在が長引くにつれて子女の教育の必要を感じるようになる．早くも1908年にはカニエテ渓谷のサンタバルバラ農園（リマから沿岸沿いを南に150km）で最初の日本語特別学校が開設され，以降各地に同様の学校が創られていった．1920年には日本の文部省の在外指定校であるリマ日本人小学校が開校された．同校には1940年頃，約1600名の学童が通っていた．

スペイン語に不慣れな移民にとって，コミュニティ内外の情報を得るために不可欠だったのが**邦字新聞**だ．1900年代から手書きの新聞が発行されていたようだが，1913年に南米初の邦字紙『アンデス時報』が創刊され，日米開戦までにさらに3つの新聞が誕生した．

しかし1942年のペルーとの国交断絶後，日系移民は3人以上の集会と日本

語の使用を禁じられた．つまり日本人会などの諸団体の活動をはじめ，日本語学校も接収の対象となった．同様に邦字新聞も発行停止が命じられた．

　ここで，日系社会の階層性にも目を向ける必要があるだろう．ペルーの日系移民は決して同質的ではなかったのだ．特に**沖縄移民**の置かれた立場は特殊であった．ペルーでは，1918年以降の日系移民のうち，沖縄移民は毎年50〜70％を占めた．結果として1980年代前半には日系人約7万人のうち約70％が沖縄系だったと言われている（ペルー沖縄県人会，1987: 212）．

　沖縄移民は人数の上では多数派だったが，日系社会では差別的な眼差しを向けられ，不当な扱いを受けることもあった．沖縄人は忍耐力が強く，県人同士で団結して困窮者や新参者を世話しているという評判がある一方で，閉鎖的で他県人との接触を忌避しており，衛生思想に乏しいという批判もあった．沖縄人に対して呼び寄せ移民の受け入れを制限しようという声もあったという（ペルー沖縄県人会，1987: 92）．

　日系社会での沖縄人差別はペルーに限られたことではなかった．ハワイでは，豚を飼い豚肉を食べる習慣のある沖縄人は，「オキナワケンジン，ブタカウカウ」（ハワイ語のカウ＝食べると，豚を飼うとをかけて）と揶揄された．ブラジルでは，契約を無視して逃亡する者が多い，他県人との紛争を起こしやすい，裸でいることが多く生活程度が低いなどの理由から，沖縄移民のみが渡航を制限されることもあった．こうした差別には，当時の日本国内における沖縄人の周縁的な立場が色濃く反映されている．

　こうしてペルーの沖縄移民は「ペルー社会における少数者」，「日系社会の中の劣等集団」という二重の差別と向き合うこととなった．さらに日米開戦以降は「国際社会における敵性外国人」と見なされ，さらなる逆境に直面していった．

ワーク2

　ペルーに移民した日本人が直面した困難とは何だろうか．ペルー社会にとって日系移民のコミュニティはどのような存在だったのか考えてみよう．

3 相互扶助とコミュニティ構築にむけた戦略

調べたことを考察する

戦前から戦中にかけて直面した数々の困難を，日系移民はどのように乗り越えてきたのだろうか．1）互助組織の形成，2）日系社会の再構築，3）沖縄ディアスポラとアイデンティティという点から考察してみよう．

3.1 互助組織の形成

現地の銀行から融資を受けることができなかった日系移民は，インフォーマルな金融互助組織を結成した．移民当初に貯金も仕事のあてもなく都市部に出ていったときや，戦時中に資金凍結などの憂き目にあったときに，日系移民が経済活動の足掛かりとしたものに頼母子講がある．**頼母子講**は，有志の間で定期的に定額を出し合い，集まった資金を持ち回りで受け取る仕組みである．

都市部では，親戚などの店で手伝いとして働くあいだに，頼母子講を利用して独立の準備資金を工面し，雑貨店や飲食店を開業するものが多くいた．例えば，沖縄県名護町からの移民には理髪店や日用雑貨店の経営者が多く，西原村からの移民にはレストラン，日用雑貨，珈琲店を経営する者が多いなど，出身地ごとに職業の偏りがみられる．それは，同郷人同士で頼母子講を組織し，職探しを手伝い，仕事のノウハウを伝授していたからである（我那覇，2022: 98-101）．1920 年代から 30 年代にかけて都市部で日系移民の商売が急増した背景には，先述した同業組合の形成だけでなく，金融面で互いに支えあうミクロな活動の存在があったのだ．

現在このような小規模金融は**マイクロファイナンス**と呼ばれ，貧困層や低所得者層の貧困緩和に有効な仕組みとして世界各地で実施されている．日系移民の場合，政府や開発機関による主導ではなく，移民同士で自発的に運用されてきた点が興味深い特徴になっている．

頼母子講を成功させるには，構成員間の信頼関係が重要になる．名護郷友会では，構成員は基本的に同郷人かその配偶者とされ，2000 年代まで本土出身者は一人もいなかった．契約書や厳格な規則はなく，信頼関係のみで運営されている．そのため頼母子講は，小規模事業者を支援することを目的として，支払いが滞らないように参加者を厳選し，皆が払い続けられるように掛け金を低く設定し，1 人 1 株に制限するなどを徹底して運営されてきた（我那覇，2022: 102-103）．

126　第Ⅲ部　多文化主義の推進 2

　さらに，頼母子講は金銭的な相互扶助と同時に，同郷人の連帯を強める役割も果たしてきた．毎回の支払い義務を果たすという集団内の圧力とそれを履行することによる信頼の蓄積が構成員のつながりを深めてきた．

　頼母子講は戦後の経済的立ち直りにも大きな役割を果たしたが，公的な金融機関の創設を求める声も高まってきた．1970 年代から 80 年代になると，パシフィコ信用組合やラ・ウニオン信用組合などの協同組合が設立された．移民 1 世が持ち込んだ共助の仕組みは，次の世代に引継がれ発展していった．

3.2　日系社会の再構築

　戦後のペルーの日系社会は，指導者層の大部分がいなくなった状況で，戦時中に閉鎖されたコミュニティを再構築するところから始まった．

　1952 年にペルーと日本の国交が回復すると，日本語教育に対する関心が高まったが，それは象徴的なものにとどまった．**永住志向**の親たちは，子どもたちにペルーの高等教育を受けさせるために，日本語の習得よりもスペイン語能力を優先させた．そして，家族型自営業を継がせるか，ホワイトカラーとして専門職に就かせるという戦略で，子弟の社会上昇を望んだのである．

　1960 年代になると**日系 2 世**の進学率が高くなり，サンマルコス大学などの国立大学に進学する者も増えていった．卒業後には技師や会計士，医師，教師といった専門職に就き，ペルー社会の各分野で活躍を見せるようになった．日系 2 世を組織し，ペルー社会との交流を積極的に進めたことも，戦後の日系移民の特徴である．その過程で，ペルー人としての政治意識やアイデンティティも形成されていった．

　戦後の日系社会を代表する組織として，1950 年に発足した太平洋倶楽部がある．この倶楽部は，スポーツを通じて日系社会の復興を目指し，その象徴として 1953 年から**ラ・ウニオン運動場**（写真 9-2）の建設を始めた．ラ・ウニオンとはスペイン語で「団結」を意味する．サッカー場，野球場，陸上競技トラック等の設備が整えられ，日系社会の重要な活動拠点になった．

　戦時中に閉鎖されたペルー中央日本人会も 1955 年に復活した．戦中に凍結された資産が返還されることになり，それを受けとる組織が必要とされたのである．返還された 1 万 ㎡の土地に，1967 年，**日本ペルー文化会館**（写真 9-3）が完成した．1980 年代には会館内に診療所や移住記念資料館もつくられ，コミュニティの福祉や文化活動の発展に貢献した．こうした運動場や文化会館を

写真 9-2　ラ・ウニオン運動場
出所：ラ・ウニオン運動場提供．

写真 9-3　日本ペルー文化会館
出所：日本ペルー文化会館提供．

拠点にして，戦後の日系社会の活動が展開されてきた．

　戦後復興が進むにつれて，日系社会の活動は徐々に 2 世・3 世へと引き継がれていった．1984 年に，ペルー中央日本人会が**ペルー日系人協会**に改称されたことは，コミュニティの主体が「日本人」である 1 世・2 世から「日系ペルー人」である 2 世・3 世へと受け継がれたことを象徴している．1966 年に日系社会の 18 ％を占めていた 1 世は，1989 年にはわずか 5 ％に減少していた（増田・柳田，1999: 326-327）．

3.3　沖縄ディアスポラとアイデンティティ

　沖縄ディアスポラ：祖国の外にいながらも祖国とのつながりを維持し，文化的・民族的アイデンティティを共有する人々のネットワークを広く「ディアスポラ」と呼ぶ．ペルーを含む世界各地の沖縄系コミュニティと故郷沖縄とのあいだで 120 年以上の時間をかけて構築されてきたネットワークは**沖縄ディアスポラ**と呼ぶことができるだろう．

　ペルーの沖縄移民は，団結心の強さゆえに他府県人からは閉鎖的にみられることもあったが，母県沖縄や他国の沖縄系コミュニティとは時間をかけて広いネットワークを築いてきた．本章の冒頭で紹介した「世界のウチナーンチュ大会」は沖縄ディアスポラを象徴するイベントである．

　沖縄移民と母県沖縄との関係を表す歴史的な運動に**沖縄救済運動**がある．終戦後の沖縄の惨状を聞いて，1947 年にペルー沖縄救援会が結成された．各市町村人会（写真 9-4）が協力して募金を呼びかけ，翌年には初回の約 8 万 1360 ソル（約 5645 ドル）を沖縄に送金している（ペルー沖縄県人会，1987: 336）．故郷への送金や救援物資の送付は，その後も慰問金や台風災害救援などの名目で継

続して行われた．救援会は，1950年に在ペルー沖縄人連盟に改称され，さらに1952年には**ペルー沖縄県人会**へと改称された．戦後の県人会活動の出発点は，故郷を助けたいという沖縄移民の強い想いと行動にあったのだ．

ペルーの沖縄移民と母県沖縄との深い関係は，ペルーにおける沖縄県人会館の建設にも見られる．**沖縄県人会館**（写真9-5）は1981年に建てられ，現在のペルーの沖縄移民の活動拠点になっている．会館建設にあたっては，沖縄県が建設費の6割以上を援助した．それまで海外から沖縄社会を支援してきたペルーの沖縄移民の功績に感謝し，海外の沖縄移民とのつながりを大切にしたいという沖縄県の思いがうかがえる．

沖縄県人会館は，ペルーの沖縄移民のスポーツや文化活動の拠点になっている．リマ市東部の郊外に6万㎡（東京ドーム約1.3個分）の敷地を有し，祭りなどを行う広場やサッカー場，ゲートボール場，プールなどが完備されている．本館には1200人収容の大ホール，沖縄料理も提供するレストラン，文化講座を行う部屋などもある．そこでは市町村人会や若者主体の活動も盛んに行われている．

さらに，ペルーの沖縄移民は，故郷の沖縄だけではなく，他国の沖縄系コミュニティとも関係を密に築いてきた．沖縄救援運動は，ハワイ・北米や中南米各国の救援団体と連携を取りながら展開されてきたし，中でもブラジル・アルゼンチン・ボリビアとは移民初期から人的交流によって関係構築を進めてきた．1960年からは南米4か国で連絡会議を開催し，記念祝典などのイベントには互いを招待しあい，スポーツや芸能を通して交流を継続してきた．

沖縄移民のアイデンティティ：世界のウチナーンチュ大会を中心とする沖縄ディアスポラをめぐる一連の文化活動は，**沖縄移民のアイデンティティ**の重要な要素の1つになっている．

写真9-4　ペルー西原町人会
出所：2023年，ペルー沖縄県人会提供．

写真9-5　沖縄県人会館
出所：2023年，ペルー沖縄県人会提供．

1972年の本土復帰以降，米軍基地をめぐる問題や本土との経済格差など，数多くの社会課題を抱えながら，沖縄の人々は自らのアイデンティティを模索してきた．そこで焦点が当てられたのが，独立した海洋国家であった**琉球王国**の歴史や，戦前から戦後にかけて続いてきた海外移民の**雄飛の精神**であった．そうした背景の中で「世界のウチナーンチュ」という用語が生み出され，1990年の第1回世界のウチナーンチュ大会の開催に至ったのである．

大会の発展と並行して，海外の沖縄系子弟を対象とする交流イベントや留学・研修制度がつくられた．海外で生まれ育った若い世代（主に3世以降の世代）が沖縄を訪れて，親戚や同世代の若者と交流する中で，自らのルーツを発見・確認し，**ウチナーンチュ**というアイデンティティを獲得する現象が起きている．沖縄での留学や研修を終えた若者たちは，ペルーで「キムタカ会」という団体を結成し，沖縄文化の普及や，沖縄と県人会をつなぐ架け橋としての活動を続けている．

ペルーの沖縄移民の生存戦略は戦前・戦後・復帰後と，時代に合わせて変質してきた．復帰後の特徴は，国境を越えた沖縄ディアスポラという大きなコミュニティの一員となったことだ．ペルーの沖縄系コミュニティは，ペルー社会＞日系社会＞沖縄系コミュニティという**ツリー構造**の中で，自己のアイデンティティを確認するだけではなく，世界各地の沖縄系コミュニティとつながる**脱中心的なネットワーク**を利用して自己を形成するという生存戦略を展開してきたと言えるだろう．

ワーク 3

ペルーの日系社会が，戦後にコミュニティの構築を図るためにとった生存戦略とは何だったのか．

4 ペルーの日系移民の生存戦略
問いの答えを探る

本章では，ペルーに移民した日本人が戦前から戦中にかけてどのような困難に直面してきたのかを調べ，どのような戦略でそうした逆境を乗り越えてきたのかを考察してきた．

日系移民は，農園を脱出し都市部に出てきた際には，資金の蓄えを持たず，

銀行などからの融資を受けることもできないという経済的な困難を抱えていた．そこで彼らは，地縁や血縁で繋がる同郷人どうしで頼母子講を組み，新規事業の立ち上げを支援し合った．資金の相互扶助は，戦中の財産凍結などの苦しい状況から抜け出すときにも大いに機能した．

　ペルーにおける日系移民は，戦前から戦中にかけてマイノリティとして扱われ，戦後は敗戦国の国民というレッテルを背負っての再出発となった．どの時代においても日系移民は，教育・文化・経済活動などで団結し，共助の仕組みをつくりながら独自の活動を続けてきた．日本人学校や運動施設および文化会館などは，日系移民のコミュニティの象徴的な存在となり，多様な活動を促進してきた．さらに，そうした施設を通してペルー社会に日系社会の存在を示し，自らのアイデンティティを確認してきた．

　ペルーの日系社会では，沖縄移民は複雑な立場に置かれてきた．人数としては多数派であるが，社会的には周縁的な立場に追いやられていた．複数のマイノリティ性による逆境と対峙しながらも，沖縄移民は信頼のおける同郷の仲間と助け合いながら社会的上昇を目指した．

　沖縄移民は，ペルーの日系社会の活動に貢献する一方で，故郷沖縄への送金や救援活動などの支援を絶やすことなく，他国の沖縄系コミュニティとの連携も深めてきた．沖縄県人会や同郷人のつながりを大切にしながら，沖縄ディアスポラというネットワークを形成してきた．そうした重層的な関係の中で沖縄移民のアイデンティティを形成してきた．

ワーク4

　ペルーの沖縄移民の生存戦略の中で，彼らのアイデンティティの特徴は何だろうか．

第 9 章　ペルーの日系移民はどのような生存戦略をとってきたのか　131

キーワード ●●

海外日系人：外務省によると，世界には約 380 万人の海外移住者や日系人がいる．そのうち
　　中南米諸国の日系人は 200 万人以上にのぼる．日本では毎年 6 月 18 日を「海外移住の日」
　　と定めている．2018 年の海外日系人大会では，新たに 6 月 20 日を「国際日系デー」とす
　　ることが宣言された．

世界のウチナーンチュ：沖縄県の推計では，海外で暮らす沖縄県系人は約 42 万人いる．ブ
　　ラジルが最多で約 16 万人，次いでハワイを含む米国に約 10 万 5000 人である．総数でみ
　　ると日系人全体の 1 割強だが，国別ではペルーとアルゼンチンでおよそ 7 割，ボリビアで
　　6 割を占める．2016 年には 10 月 30 日を「世界のウチナーンチュの日」とすることが宣
　　言された．

ディアスポラ：もともとはユダヤ人の歴史についての用語だったが，しだいに幅広い民族・
　　人種の離散や散住にも使われるようになった．ディアスポラの概念自体が離散してしまっ
　　たと揶揄されるほど，その意味は広がっている．1990 年代以降，数多くの事例が報告さ
　　れ，理論研究も進められてきた．

ブックガイド ●●

我那覇宗孝（2022）「南米ペルーにおける沖縄移民の互助組織形成と社会上昇——県人会・
　　町人会・村人会を中心に」『環太平洋地域文化研究』（名桜大学）3: 89-108．ペルーの
　　沖縄系 3 世で県人会活動にも深く関わる著者が，資料やインタビューから，村や字単位
　　の郷友会が県人会の基礎として機能していることを明らかにする．頼母子講の事例も知
　　ることができる．

東出誓一（小山起功編）（1995）『増補版 涙のアディオス——日系ペルー移民，米国強制収
　　容の記』彩流社．北海道からペルーに移民し，第二次大戦の勃発で米国の収容所に送還
　　され，戦後は米国へ帰化した著者の回想録．日系移民の日々の生活や具体的な人間関係
　　の様子を知ることができる．

ペルー沖縄県人会（1987）『ペルー沖縄県人移民七十五周年・ペルー沖縄県人会創立七十周
　　年記念誌』．1981 年の記念行事や会館建設の背景，移民者の経験などが当事者の言葉で
　　記されている．380 項に及ぶ寄付者一覧，会員名簿，広告欄からは県人会を支える一人
　　ひとりの存在が感じられる．

増田義郎・柳田利夫（1999）『ペルー 太平洋とアンデスの国——近代史と日系社会』中央公
　　論新社．第二次世界大戦勃発以降の日本人および日系人の歴史と現状について紹介して
　　いる．

132　第Ⅲ部　多文化主義の推進2

ワークシート

ワーク1

　あなたの住む地域では，海外移民や日系人は身近な存在だろうか．日系移民の歴史についてあなたはどのようなことを知っているだろうか．

ワーク2

　ペルーに移民した日本人が直面した困難とは何だろうか．ペルー社会にとって日系移民のコミュニティはどのような存在だったのか考えてみよう．

ワーク3

　ペルーの日系社会が，戦後にコミュニティの構築を図るためにとった生存戦略とは何だったのか．

ワーク4

　ペルーの沖縄移民の生存戦略の中で，彼らのアイデンティティの特徴は何だろうか．

第IV部
同化主義からの決別

第10章 なぜブラジルに人種差別が存在するのか
──黒人の排除と差別の構造──

中 西 光 一

1 問いを発見する
ブラジルの人種差別

2020年5月25日，米国ミネソタ州の最大都市ミネアポリスで，黒人男性のジョージ・フロイドが白人警察官によって首を膝で強く押さえつけられて死亡した事件は，記憶に新しいだろう．その後，人種差別撤廃を訴えるブラック・ライブズ・マター運動が広がり，この事件は，米国における黒人差別の深刻さを改めて浮き彫りにした．

フロイド事件ほど反響を呼んでいないが，同年5月に，ブラジルの最大都市サンパウロで，警察官が黒人女性を地面に倒し動けないように首を膝で押さえつける事件が起きている．これを受けて，黒人統一運動（MNU）を始めとした人権団体が，警察官による暴力的な取り締まりは人種差別であると批判し，人種差別撤廃と黒人の地位向上のための活動を続けている．なぜ，ブラジルに人種差別が存在するのだろうか．

人種差別の議論の前に，人種とは何かについて最初に確認しておこう．**人種**とは，客観的な根拠がある自然集団ではなく，人為的に作られた統計的概念である．どのような身体的特徴（皮膚色・頭形・鼻形など）に基づくかによって分類は異なる．皮膚色に基づいて白人・黒人・黄色人などに分類する方法は，大航海時代以降，大西洋奴隷貿易を行う中でヨーロッパの白人が，アフリカ大陸の黒人や南米大陸の先住民に対して自らの優位性を正当化するために作られたものにすぎない．

ブラジルは，ヨーロッパ系の白人やアフリカ系の黒人さらに南米大陸の先住民が長い歴史の中で混ざり合い形成されてきた混血社会である．そのため，その人種的な分類を容易に行うことはできない．どのようにブラジル国民を分類するかについては，客観的な基準はなく，分類する側の政治的な判断が伴う．

分類の仕方によっては，新たな人種差別を生むことにもなる．

　ブラジル地理統計院（IBGE）は，10年ごとに国勢調査を実施しているが，おもに皮膚色を基準に白人・混血人・黒人・黄色人・先住民の5つの人種に分類している．人種の選択は自己申告に基づいて行われ，調査対象者は自分の人種を自由に選択することができる．そのため，本人の申告次第で，人種の分類結果は異なる可能性がある．

　白人は，主にヨーロッパ（ポルトガル，イタリア，スペイン，ドイツなど）からの移民やその子孫で構成されている．**混血人**は，白人・先住民・黒人など複数の人種の混血からなり，皮膚色・頭形・鼻形など外見の特徴は様々である．**黒人**は主にアフリカから連れてこられた奴隷の子孫であり，**黄色人**は日本・中国・韓国からの移民の子孫からなる．**先住民**は，ポルトガルによる植民地化以前からブラジルの土地に居住していた人々の子孫である．

　上記の分類以外に，モレーノとネグロという分類も存在する．これらは，白人・混血人・黒人という項目を用いるIBGEの分類体系には含まれていない．**モレーノ**は，しばしば「褐色の人」を意味し，一般国民に普及している呼称で，混血人を意味する．**ネグロ**は，黒人を意味し，黒人運動から生まれた名称である（Telles, 2004: 邦訳133）．

　2022年の国勢調査の結果（図10-1）をみると，白人は43.5％，混血人は45.3％，黒人は10.2％，黄色人は0.4％，先住民は0.6％である．ブラジルは，アフリカ大陸を除いて，アフリカ系黒人が世界で最も多い国である．

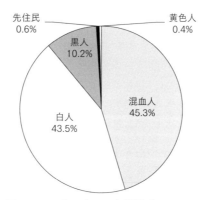

図10-1　ブラジルの人種構成（2022年）
出所：ブラジル地理統計院の資料をもとに筆者作成．

第 10 章　なぜブラジルに人種差別が存在するのか　137

> **ワーク 1**
>
> 　人種とは何だろうか．ブラジルにはどのような人種の人々が暮らしているのだろうか．

2 問いを調べる ブラジルにおける人種差別の実態

　ブラジルには構造的人種差別があると言われている．**構造的人種差別**とは，法制度や社会慣習によって特定の人種を差別するものである．このような差別によって彼らは，個人の公平な権利や機会を制約される．構造的人種差別は，法制度によって行政・政策的に行われる場合と，慣習的に社会に構造化されている場合がある．

　構造的人種差別は，ブラジルの教育・雇用・医療・治安など広範な分野に見られ，黒人や混血人に対する差別を正当化している．このような人種差別によってもたらされる人種間の格差の実態を，1) 教育格差と所得格差，2) 医療格差，3) 犯罪被害格差という点から調べてみよう．

2.1 教育格差と所得格差

　ブラジルの人種間の教育格差や所得格差は，構造的人種差別の結果であり，黒人や混血人を差別してきた政府の教育政策や雇用政策に原因がある．

　大学進学率には人種間に格差がある．黒人や混血人の大学進学率は白人と比べて低い．2018 年の IBGE の調査は，18 歳から 24 歳の白人と黒人（混血人を含む）の大学進学率を明らかにしている．白人全体の約 8 割が大学に進学しているのに対して，黒人と混血人は 6 割弱に留まっている．このような進学率格差は，高校教育に原因がある．

　高校教育は，公立学校は無償化されているが，裕福な白人層の学生は私立高校に通っている（Telles, 2004: 邦訳 133）．黒人や混血人が通学する公立高校では，教員配置や学校設備などの教育環境は必ずしも十分ではない．その結果，黒人や混血人の大学進学率は白人よりも低くなっている．さらに裕福な白人学生が行く質の高い公立大学には，多くの政府の補助金が支出されている．

　IBGE は，6 歳から 24 歳の生徒や学生の純出席率の人種間格差も明らかにしている．図 10-2 をみると，初等教育の初期段階（6 歳から 10 歳）の純出席率

第Ⅳ部　同化主義からの決別

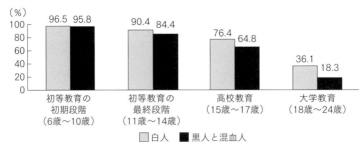

図 10-2　人種別の純出席率 (2018 年)
出所：ブラジル地理統計院の資料をもとに筆者作成.

は，白人が 96.5 %，黒人・混血人が 95.8 %であり，その違いはわずか 0.7 %である．しかし，教育課程が進むにつれて，両者の純出席率の違いが顕著になる．初等教育の最終段階（11 歳から 14 歳）の純出席率は，白人が 90.4 %，黒人・混血人が 84.4 %，高校教育（15 歳から 17 歳）の純出席率は，白人が 76.4 %，黒人・混血人が 64.8 %，大学教育（18 歳から 24 歳）の純出席率は，白人が 36.1 %，黒人・混血人が 18.3 %である．

黒人や混血人の純出席率が低い理由には，勉強の遅れによる学習意欲の低下や中途退学などが挙げられる．中途退学する理由には，就労や妊娠がある．2019 年の IBGE の調査によると，中途退学した男子学生の半数は就労を理由にし，女子学生は約 4 分の 1 が妊娠を理由にしている．就労による中途退学の背景には家庭の経済的な問題がある．また妊娠による中途退学の背景には，学校教育の現場で十分な性教育を受けることができないことがある．

このような黒人と白人の教育格差は所得格差として現れる．ブラジルでは諸外国と同様に，学歴が高ければ，それだけ雇用機会も増え，所得も高くなる．そのため，相対的に高学歴の白人の所得は黒人や混血人に比べて高い．IBGE によると，2018 年の白人の平均月収は約 2796 レアル（1 レアル＝約 30 円）であるのに対して，黒人や混血人の平均月収は約 1608 レアルである．さらに，管理職に就いている白人と黒人（混血人も含めて）の比率は，前者が 68.6 %，後者が 29.9 %となっており，白人の割合が圧倒的に多い．

IBGE は人種別・学歴別の平均収入を時給換算し，所得格差の実態を明らかにしている．図 10-3 をみると，2018 年の平均時給は，白人が 17.0 レアルであるのに対して，黒人・混血人は 10.1 レアルである．学歴別に見ると，初等教育未修了の白人と黒人・混血人の時給は，前者が 8.7 レアル，後者が 6.7 レ

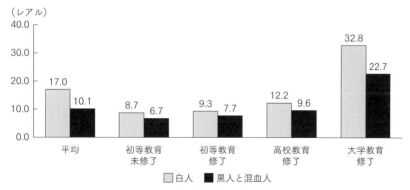

図 10-3　人種別の平均時給（2018 年）
出所：ブラジル地理統計院の資料をもとに筆者作成.

アルである．初等教育を修了しているが高校教育未修了の白人は 9.3 レアル，黒人・混血人は 7.7 レアルである．高校教育を修了しているが，大学教育未修了の白人は 12.2 レアル，黒人・混血人は 9.6 レアルである．大学教育以上を修了している白人は 32.8 レアル，黒人・混血人は 22.7 レアルである．

この結果から，人種間の平均時給は，どの学歴においても白人優位の構造が存在していることが分かる．黒人と混血人は，教育においても所得においても白人よりも低い水準にあるが，このような格差は個人の能力格差と言うよりは，構造的人種差別の結果である．

2.2　医療格差

ブラジルには，**統一保健医療システム（SUS）**という公的医療制度が存在する．ブラジル連邦共和国憲法の第 196 条は「医療は国民の権利であり，国の義務である」と謳っている．この条文に基づき，1988 年に SUS が導入された．これは，すべての人種が等しく無償でかつ公平に治療や予防などの医療・保健サービスを受ける権利を保障するための制度である．

SUS は，国民全員加入の保険制度をとっており，薬剤費を除き無料である．この保険制度により，国民は無償で医療機関を受診できるが，政府から医療機関への給付額は少なく，SUS で受診出来る公的な医療機関は限られている．その結果，SUS の医療機関では，しばしば患者は不十分な医療サービスのために長時間待たされる．こうした背景から，裕福な白人は民間の医療保険や医療機関を利用し，貧しい黒人や混血人が SUS を利用することになる．

さらに 2013 年以降，SUS の予算不足が深刻化し，医療サービスが十分に提供されず，様々な問題が発生している．例えば，医療スタッフの不足のために，SUS 利用者の黒人や混血人の医療情報が十分に管理することができなくなった．その結果，生活習慣病など多様な病気に罹患している黒人や混血人を医療的に不可視化させることになった．と同時に，適切な医療サービスを受ける彼らの権利を損なうことになっている．

こうした状況から，SUS の医療施設は「貧者の場」というレッテルが貼られており，先の教育格差や所得格差と同様に，医療分野においても黒人と白人の格差が問題になっている．

2.3 犯罪被害格差

人種間の格差は犯罪被害件数でもみられる．ブラジル公安年鑑の 2023 年版は，殺人・強盗・傷害・警察介入・暴行の 5 つの犯罪別に黒人と白人の被害割合を算出している．図 10-4 をみると，黒人の被害件数の割合は，警察介入が 83.1 % でもっとも高く，次いで暴行 76.9 %，殺人 76.5 %，傷害 72.1 %，強盗 58.5 % となっている．どの犯罪でも黒人の被害者の割合が白人よりも高い．

応用経済調査院（IPEA）の報告書によると，2021 年に殺害された黒人と混血人の死亡件数は 3 万 6922 件で，この件数は全殺人発生件数の 77.1 % を占めている．さらに，年齢別では若者層（15-29 歳）の死亡件数が半分以上を占めている．ブラジルの殺人被害者は，黒人や混血人の若者層が多いことが分かる．

図 10-5 は，2011 年から 2021 年の 10 万人当りの殺人被害者数を表す．こ

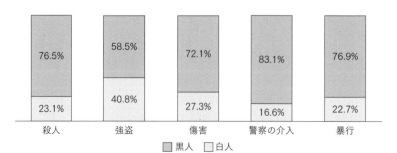

図 10-4　人種別の犯罪被害比率
出所：ブラジル公安年鑑（2023 年版）をもとに筆者作成．

第 10 章　なぜブラジルに人種差別が存在するのか　　141

図 10-5　人種別の殺人被害者数の推移（10 万人当り）
出所：応用経済調査院の資料をもとに筆者作成．

のグラフをみると，2021 年の黒人・混血人 10 万人当たりの殺人被害者数は 31.0 人であり，その他の人種（白人・黄色人・先住民など）は 10.8 人である．黒人・混血人の被害者数はその他の人種の約 3 倍である．

　過去 10 年間の推移を見ても，人種間の格差に大きな変動はない．黒人と混血人の被害者数はその他の人種と比較して毎年 2 倍から 3 倍となっている．2017 年から 2019 年にかけて黒人と混血人の被害者数は減少しているが，2020 年から再び増加傾向にある．一方，その他の人種の被害者数はここ数年減少傾向にあり，2021 年の 10.8 人は過去 10 年間で最も低い水準である．

　黒人と混血人の殺人被害者数が白人と比べ多い理由の 1 つは，**ファヴェーラ**と呼ばれるスラム街と関係している．そこでは，多くの貧しい黒人や混血人が居住しており，暴力事件，薬物事件，ギャング間の抗争があとを絶たない．警察の介入が日常的に行われているが，暴力事件や抗争は銃撃戦に発展し，容疑者だけではなく，周辺住民の被害も珍しくない．

> **ワーク 2**
> 　人種間の教育格差・所得格差・医療格差はなぜあるのだろうか．人種間の犯罪被害格差についても調べてみよう．

3　人種差別の歴史と共生社会への道
調べたことを考察する

　なぜ黒人に対する人種差別がブラジルに存在するのかという点について，1）

黒人奴隷制と人種隔離，2）白人化政策と人種民主主義，3）人種間の共生社会への道という観点から考察しよう．

3.1 黒人奴隷制と人種隔離

ブラジルの黒人奴隷制は，**大西洋奴隷貿易**（ヨーロッパ・アフリカ・アメリカ大陸を結ぶ三角貿易）の重要な一角を担っていた．ヨーロッパは，武器や工業製品をアフリカに輸出し，アフリカからは黒人奴隷をブラジルや米国などに輸出し，ブラジルから金やダイヤモンド，コーヒーなどをヨーロッパに輸出した．米国は，黒人奴隷を輸入しながら，農産物や工業製品をヨーロッパに輸出した．

ブラジルは，1535年から1888年にかけて500万人以上の黒人奴隷を輸入し，アメリカ大陸で最も多くの奴隷を輸入した国であった（布留川，2019）．黒人奴隷は，砂糖，コーヒー，金，ダイヤモンドなどの分野で労働力として利用された．彼らは過酷な労働条件の下で働かされ，非人道的な扱いを受けた．

この黒人奴隷制のもとで，白人（支配者）と黒人（奴隷）の間に強固な支配従属関係が形成され，**白人至上主義**（白人が他の人種よりも優れているとする思想）がブラジル社会に根付くことになった．このような思想は，白人支配に根拠を与えただけでなく，黒人を人間（＝白人）のなりそこないとして非人間化し，人種間の分離と隔離を正当化した．

19世紀中葉に，フランス人思想家ゴビノー（1816-1882年）の**人種不平等論**の興隆を機に，白人至上主義を正当化するためにブラジルで人種研究が活発に行われた．1865年から1866年にかけてブラジルを調査したスイス人生物学者アガシー（1807-1873年）は，黒人や混血人の身体的特徴を酷評し，**人種隔離**を主張した．その弟子のブラジル人医師モレイラは，白人を頂点とする人種別階層制の重要性をブラジル政府に訴えている．さらに，黒人文化研究の先駆者であったニーナ・ロドリゲスは黒人の劣等性を強く主張し，混血は白人の退化を招くと主張した．

3.2 白人化政策と人種民主主義

1888年に奴隷制が廃止されると，ブラジル政府は白人移民の受け入れを積極的に行った．これは，白人を優れた人種とする優生思想に基づくブラジル社会の**白人化政策**であった．この政策は，人種隔離とは異なり，大量の白人移民（特にアングロサクソン系やゲルマン系の白人）を受け入れることによって人種間の

混交を促し，黒人を白人へ同化させるものであった.

黒人と混血人を完全に排除するために，白人移民を利用した同化主義が実施されたのである. 当時のブラジル政府は，同化主義による黒人の消滅と同時に，奴隷制という負の遺産も清算できると信じていた. しかし，この白人化政策は，第二次世界大戦におけるナチス・ドイツのユダヤ人大量虐殺の影響によって失敗に終わった.

その後，優生思想の退潮と同時に「混血性」を称揚する**人種民主主義**が影響力を持ち始める. これは，ブラジル国民は多様な人種の混交からなり，人種間に差別はないという思想である. ブラジルの社会学者フレイレ（Freyre, 1933）によって提唱されたこの思想は，1930年代から80年代にかけてブラジル社会に流布し，人種間・民族間の緊張の緩和と，均質な国民文化の形成を目指したが，その実態は，人種差別の存在を無視し隠蔽するものであった.

黒人差別を隠蔽しようとするこの人種民主主義は実証的に批判された. 社会学者フェルナンデスは，1950年代から60年代にかけて実施した調査で，サンパウロ市の黒人が，進学や就職において白人から差別を受けている実態を明らかにした. 人種民主主義という支配的イデオロギーのもとで，多くのブラジル人が現実に存在する人種差別を軽視し，黒人の状況を改善する取り組みが疎かになっていると指摘した.

フェルナンデスの調査により，ブラジルには人種差別が存在するという認識が社会に浸透し，人種民主主義は信憑性を失った. そのため，現在は「神話」という語を伴って，**人種民主主義の神話**と呼ぶのが通例となっている. ただし，人種民主主義の思想が，**混血の国民**というブラジル人のアイデンティティ形成に影響を与えたのも事実である.

3.3　人種間の共生社会への道

人種差別に抵抗するために生まれたのが，**黒人運動**であった. 20世紀初頭，黒人差別を社会に訴えるために，多くの黒人新聞が発行された. これらの新聞の存在は，黒人だけではなく白人にも知れ渡るようになった. しかし，独裁体制下のヴァルガス大統領の時代（1930-1946年）に，黒人新聞は廃刊を余儀なくされた. ブラジルで最初の黒人政党「黒人戦線」も，1931年に結成されたが1937年に解散させられた. その後，黒人差別に対するブラジル人の関心は次第に薄れていった.

1960 年代になると，米国の公民権運動の興隆に伴い，ブラジルの黒人運動が再び脚光を浴びるようになった．特に，1978 年にサンパウロ市中心部の市立劇場前で行われた**黒人統一運動**（MNU）による旗揚げデモは，世間の注目を浴びた．軍事独裁政権時代（1964-1985 年）に行われたこのデモは，黒人が直面している人種差別の問題の根深さを改めて浮き彫りにした．民政復帰後には，新たな黒人運動が生まれ，より具体的な成果を求め，抗議デモや政府への働きかけを活発化させた（矢澤，2019: 19-20）.

1995 年に，首都ブラジリアで**ズンビー行進**が行われた．この行進は，黒人の地位向上と社会参加のために人種差別撤廃政策の実現を目指し，カルドーゾ大統領（1995-2002 年）との政策対話を実現させた．ブラジル政府は，人種差別が極めて深刻な問題であることを認め，2001 年以降，人種差別撤廃に向けた取り組みを次々に実施した．その中には，アファーマティブ・アクションの実施や，黒人を含む低所得者層を対象とした公共政策の推進，さらに初等・中等教育のカリキュラムにおけるアフリカ史教育の必修化などがある.

黒人の地位向上と社会参加を推進するために 2000 年以降に導入された**アファーマティブ・アクション**は，官公庁の職員採用や大学入学などにおいて人種などを基準に一定の人数や比率を割り当てる制度である（奥田，2021）. 2012 年以降，すべての連邦大学は，公立学校に通う黒人や混血人のために定員の 50 ％を割り当てた．2014 年，ブラジル政府は，法律 12990 号によって連邦政府の公務員採用枠の 20 ％を黒人に割り当てた.

しかし，アファーマティブ・アクションに対する人種差別主義者による反動的な言動（**バックラッシュ**）が，人種間の共生社会の実現を妨げる障壁となっている．彼らが主張しているのは以下の点である.

第 1 に，アファーマティブ・アクションは，個人の能力とは関係なく特定の人種を優遇するものであり，社会の効率を損なう．しかし，この主張には以下のような問題がある．現在の黒人の能力がたとえ劣っていたとしても，それは個人の責任ではなく，社会的にその能力を形成する機会を奪われてきたからである．人種間の能力格差は，差別されてきた人々に能力開発の機会を与えることによって改善することができる.

第 2 に，アファーマティブ・アクションは，特定の人種を優遇することによって人種間の社会的統合や国民的一体感を損なう．しかし，奴隷貿易の時代以降 500 年に渡って白人（特定の人種）が優遇され，黒人が差別を受けること

によって，国民的一体感は損なわれてきた．国民的一体感を獲得するために
は，同じくらい長い時間の黒人優遇が必要になるかもしれない．

　第3に，アファーマティブ・アクションは，ブラジル連邦共和国憲法の第5
条「すべてのブラジル人は法の下に平等で，いかなる性質の『差別』もない」
に反し，憲法違反である．しかし，1988年の憲法制定以降，「白人優遇」「黒
人差別」を撤廃するために，政府が積極的な政策を実施してこなかったことこ
そ問題である．

　さらに政府は，黒人差別の撤廃に向けて，初等・中等教育のカリキュラムに
アフリカ史教育を必修化した．こうした教育実践は，現在の子どもたちにブラ
ジル国民の黒人のルーツを認識させ，黒人性・アフリカ性を理解したアイデン
ティティの形成につながることが期待されている．国民の過半数が黒人と混血
人で構成されていることを考慮すると，アフリカ史教育の重要性が理解できる
だろう．

ワーク3

　奴隷制・人種隔離・白人化政策の背景や目的について調べてみよう．ア
ファーマティブ・アクションやアフリカ史教育の意義についても考えてみ
よう．

---

4 問いの答えを探る
黒人の排除と差別の構造

　「なぜブラジルに人種差別が存在するのか」という最初の問いに戻ろう．そ
の解答は，構造的人種差別，黒人奴隷制，白人化政策，人種民主主義によって
与えられるだろう．

　第1に，ブラジルには構造的人種差別が存在し，黒人や混血人は法制度や
社会慣習によって差別されてきた．人種間の教育上の差別は，教育格差や大学
進学格差に現れている．裕福な白人は教育環境が充実した私立高校に通い大学
進学率も高いが，黒人や混血人は教育環境が不十分な公立高校に通い，大学進
学率も低い．こうした教育格差は人種間の所得格差に反映される．また人種間
には医療格差も存在し，公的医療の財源不足から黒人や混血人は十分な医療
サービスを受けられないが，裕福な白人は民間の医療保険サービスを受けるこ

とができる．さらに，人種間には，犯罪被害においても格差が存在している．

第2に，ブラジルに黒人差別が存在する背景には，黒人奴隷制，白人化政策，人種民主主義などの影響がある．大西洋奴隷貿易の主要な一角であったブラジルは，1535年から1888年にかけて500万人以上の黒人奴隷を輸入した．この黒人奴隷制のもとで，白人（支配者）と黒人（奴隷）の間に強固な支配従属関係が形成され，白人至上主義の思想がブラジル社会に根付くことになった．この思想は，白人支配に根拠を与えただけでなく，黒人を非人間化し，人種間の分離と隔離を正当化した．19世紀中葉には，白人至上主義を肯定するための人種研究がブラジルで活発に行われ，差別的な思想が広まった．

ブラジル政府は，1888年に奴隷制を廃止した後，白人移民の受け入れを積極的に行った．これは，優生思想に基づく白人化政策であった．この政策は，人種隔離とは異なり，大量の白人移民を受け入れることによって人種間の混交を促し，黒人を白人へ同化させるものであった．ブラジル政府は，同化主義による黒人の消滅と同時に，奴隷制という負の遺産も清算しようとした．

優生思想の退潮と同時に，ブラジルの混血性を称揚する人種民主主義が影響力を持ち始めた．これはブラジルにおける人種差別の撤廃を目指すものではなく，人種間の緊張の緩和と，均質な国民文化の形成を目指したが，その実態は，人種差別の存在を隠蔽するものであった．人種民主主義が神話に過ぎないことは社会調査によって明らかになった．

第3に，21世紀に入りブラジル政府は，黒人運動の影響を受け，人種差別の撤廃に向けた政策を次々に実施している．人種差別撤廃を掲げる黒人運動は20世紀初頭から起きていたが，独裁政権によって抑圧された．1960年代に黒人運動は再び脚光を浴び，1978年に黒人統一運動（MNU）が結成された．1995年には人種差別撤廃を目指すズンビー行進が行われ，これを機に，ブラジル政府は2001年以降，人種差別撤廃に向けた政策を実施した．その中には，アファーマティブ・アクションの実施や，黒人を含む低所得者層を対象とした公共政策の推進，さらに初等・中等教育のカリキュラムにおけるアフリカ史教育の必修化などがある．

ワーク4

ブラジルにおける人種差別の背景を考察し，人種間の共生社会を実現するための方法を考えてみよう．

キーワード

人種：自然集団ではなく，人為的に作られた統計的概念である．どのような身体的特徴（皮膚色・頭形・鼻形など）に基づくかによって分類は異なる．皮膚色に基づく分類は，ヨーロッパの白人が，アフリカ大陸の黒人や南米大陸の先住民に対して自らの優位性を正当化するために作られたものである．

黒人運動：アフリカ系住民（黒人）に焦点を当てた社会・政治的な活動や取り組みの総称である．この運動は，歴史的にアフリカ系住民が直面してきた人種差別，不平等，社会的排除に抵抗するために展開された．

アファーマティブ・アクション：日本語では，「積極的格差是正措置」と訳される．特定の人種・民族や女性などが過去に受けてきた差別や不平等を是正するために，入学や雇用の際に一定の優遇措置を講じ，機会均等の実現を目指す．

ブックガイド

Freyre, G. (1933) *Casa-Grande & Senzala: Formação da Família Brasileira sob o Regime da Economia Patriarcal.* Rio de Janeiro: Maia & Schmidt（鈴木茂訳『大邸宅と奴隷小屋——ブラジルにおける家父長制家族の形成（上・下）』日本経済評論社，2005 年）．人種民主主義について学ぶことができる．

Telles, E. C. (2004) *Race in Another America: The Significance of Skin Color in Brazil,* Princeton: Princeton University Press（伊藤秋仁・富野幹雄訳『ブラジルの人種的不平等——多人種国家における偏見と差別の構造』明石書店，2011 年）．米国の社会学者が，米国の人種問題の構造と比較しながら，ブラジルの人種問題を考察している．

伊藤秋仁・住田育法・富野幹雄（2015）『ブラジル国家の形成——その歴史・民族・政治』晃洋書房．ブラジル国家の形成過程を民族的，歴史的な視点から考察している．

奥田若菜（2021）『格差社会考——ブラジルの貧困問題から考える公正な社会』神田外語大学出版局．アファーマティブ・アクションをめぐる問題（第 5 章）に注目している．

布留川正博（2019）『奴隷船の世界史』岩波書店．大西洋奴隷貿易と黒人奴隷制について学ぶことができる．

矢澤達宏（2019）『ブラジル黒人運動とアフリカ』慶應義塾大学出版会．ブラジルの黒人運動の歴史と思想を学ぶことができる．

148　第Ⅳ部　同化主義からの決別

ワークシート

ワーク１ ....

　人種とは何だろうか．ブラジルにはどのような人種の人々が暮らしているのだろうか．

ワーク２ ....

　人種間の教育格差・所得格差・医療格差はなぜあるのだろうか．人種間の犯罪被害格差についても調べてみよう．

ワーク３ ....

　奴隷制・人種隔離・白人化政策の背景や目的について調べてみよう．アファーマティブ・アクションやアフリカ史教育の意義についても考えてみよう．

ワーク４ ....

　ブラジルにおける人種差別の背景を考察し，人種間の共生社会を実現するための方法を考えてみよう．

第11章 ウルグアイ先住民に何が起きたのか
── 消された歴史と国民アイデンティティ──

中沢知史

1 問いを発見する
ウルグアイと先住民

　ウルグアイ東方共和国（以下，ウルグアイ）．南米南部，日本とちょうど地球の反対側に位置するこの国について，どのようなイメージが湧くだろうか．サッカーファンであれば過去 2 度ワールドカップで優勝した強国，食通であれば牛肉とワインの国，あるいはビジネス関係者なら再生可能エネルギー先進国，などの連想をするであろうか．近年，「世界で最も貧しい大統領」と称されたホセ・ムヒカを思い浮かべるかもしれない．

　しかし，ラテンアメリカの他の諸国とは異なり，ウルグアイを**先住民**と結び付けてイメージする人は少ないだろう．テレビ番組等で映し出されるウルグアイの風景は，穏やかで落ち着いたヨーロッパ風の街並みと広大な牧草地帯や，行きかう白人系の人々であり，先住民を想起させるものはない．ラテンアメリカ諸国の多くは，先住民の定義と権利を規定する国際条約である ILO 先住民条約（第 169 号）を批准しているが，ウルグアイはこの条約を批准していない．

表 11-1　ウルグアイの民族・人種構成（2011 年）

主要な出自	人数	割合（%）
白人系	2,851,095	87.7
アフリカ系・黒人	149,689	4.6
先住民	76,452	2.4
いずれでもない	53,322	1.6
アジア系	7,323	0.2
その他	4,764	0.1
無回答	109,009	3.4
合計	3,251,654	100

出所：ウルグアイ統計庁の資料をもとに筆者作成．

ウルグアイは先住民の存在を公的に認知していないのである。

ウルグアイの民族・人種構成はどのようなものだろうか。表 11-1 は 2011 年の**国勢調査**の結果を表す。この調査では、調査対象者に「あなたの先祖には、次の選択肢のうちどの集団がいると思いますか。複数回答した場合、そのうち、主要な先祖は選択肢のうちどれですか」と質問した。

国勢調査の結果によると、ウルグアイ人の 87.7 ％は自身の主な出自を白人系と認識している。他方、自分の主要な先祖が先住民であると考える人が 2.4 ％（7 万 6452 人）いることも明らかである。その割合は少ないが、ウルグアイの全人口がおよそ 350 万人であるとすると、無視できない数字である。

生物学的には、先住民出自のウルグアイ人はもっと多いのではないかという声もある。ウルグアイの遺伝研究者モニカ・サンスは、ゲノム解析に基づき、ウルグアイ人の 20 〜 30 ％程度が母方に先住民の先祖を持つ可能性があることを指摘している（Sans, 2011）。

遺伝子研究の結果から分かる先住民系のウルグアイ人の割合（20 〜 30 ％）と、自身を先住民系であると認識しているウルグアイ人の割合（2.4 ％）には大きな隔たりがある。なぜこのような違いが生じるのか。次の【資料】でサンスは、多数派が書いた既成の歴史の中で、先住民が見えない存在にさせられてきたのではないかと考察している。

【資料】

先住民は現在とは遠く離れた時期に居住していたため、容易に無視し得る存在であると説明できるであろう。このことは、現在先住民が見かけ上は不可視であることからも支持される解釈である。ウィンストン・チャーチルが「歴史は勝者によって書かれる」と言ったごとく、ウルグアイの歴史は首都モンテビデオに住むヨーロッパ移民によって書かれてきた。先住民は、歴史記述のなかで絶滅したものとして不可視化されてきたのである。

上の引用に続き、サンスはフランスの思想家エルネスト・ルナンに言及する。ルナンは 1882 年の有名な演説「国民とは何か」で、「忘却……こそが国民創造に不可欠な要素」であり、「国民の本質とは、すべての個人が多くのものを共有していること、それと同時にすべての個人が多くのものを忘れていること」にあると述べた。

第 11 章　ウルグアイ先住民に何が起きたのか　151

　ウルグアイの**国民アイデンティティ**は，まさに先住民の存在を忘れ，先住民を**不可視化**することによって成り立ってきた．本章では，歴史をさかのぼり，かつて先住民に何が起きたのかを探ることによって，消去され忘却された歴史を浮かび上がらせる．そして忘却された過去を再び思い返し，過去を共有の記憶として継承すべく努力を続ける人々の存在についても学ぶ．

ワーク1

　表 11-1 の国勢調査の結果（自己認識）と遺伝子研究の結果の相違は，なぜ起きたのだろうか．

2 問いを調べる
先住民消去の歴史

　ウルグアイにおいて，先住民はどのように消去され忘却されたのか．先住民に起きた過去の出来事を，1）初期の接触，2）サルシプエデス事件，3）最後のチャルーアたちに分けて調べよう．

2.1　初期の接触

　ウルグアイは大西洋に面し，広大な**ラプラタ川**の河口に位置する．地理学的観点からみると，ウルグアイは川を挟んで対岸のアルゼンチンと共にパンパ平原の一部を成し，国土全体が平坦な地形になっている．東側は南米最大のブラジルと接しているが，延々と続く平原に引かれた国境線は目に見えない．

　現在のウルグアイは，ラプラタ川およびその上流に位置するウルグアイ川の東岸一帯を漠然と指して**バンダ・オリエンタル**と呼ばれる地域であった．この地への人類の到来はおおよそ 1 万数千年前と推定され，チャルーア，ミヌアン，ボアン，ゲノア，ヤロと呼ばれる様々な先住民が暮らしていた（Erbig, 2020: 以下の先住民とヨーロッパ人の交流に関する記述はこの文献による）．

　16 世紀初頭にはヨーロッパ人たちがラプラタ川流域に到達し，先住民との接触が始まった．新旧両大陸住民の関係はときに友好的であり，ときに敵対的なものであった．当初，川沿いの小規模な拠点にとどまっていたヨーロッパ人たちは，徐々に平原の奥地へと分け入っていく．西からはスペイン人が，東からはポルトガル人が侵入し，のちに奴隷商人やカトリックの宣教師も加わっ

写真 11-1　18 世紀の要塞跡地
出所：2014 年，中沢撮影．

て，互いに勢力争いを展開する．

　スペインとポルトガルの両王権は，バンダ・オリエンタルの領有をめぐって係争を繰り返し，マドリード条約（1750 年），サン・イルデフォンソ条約（1777 年）と，たびたび勢力図を書き換えてきた．現在のウルグアイには 18 世紀に建設された堅固な要塞が残っている（写真 11-1）．平原に突如現れるかつての軍事施設が，バンダ・オリエンタルが植民地の係争地点であったことを物語る．

　ヨーロッパ人による植民地化の過程に先住民も必然的に巻き込まれた．ここでは**チャルーア**の人々を例に挙げよう．チャルーアの人々は，狩猟採集生活を送る移動民（ノマド）であり，農耕と牧畜を営み定住型の生活を送る入植者とは生活形態が違った．両者はつかず離れずの関係にあったが，しばしば戦火を交えることもあった．

　チャルーアの人々は，ヨーロッパ人に隷属せずに抵抗を続けたために，入植者たちの不審と猜疑，恐怖や憎悪の対象となった．入植者たちは，チャルーアの人々の生活形態を野蛮なものとして蔑み，彼らの野営地をトルデリアス（定住せず放浪する者の場所）と呼んだ．また，チャルーアの人々はキリスト教宣教師による改宗事業（魂の征服とも呼ばれる）にもなびかなかったために，キリスト教徒からは**不信心者**とみなされた．スペイン語の「不信心者」という言葉には「信用できない」という意味もある．

2.2　サルシプエデス事件

　18 世紀末から 19 世紀初頭にかけ，アメリカ大陸は一斉に独立の時代に入る．王権とその代理人であるヨーロッパ生まれの白人にかわって，現地生まれの**クレオール**が独立共和国を率いる新たな支配者となった．

ウルグアイはどのような経緯で独立国家となったのだろうか．1820年，東のブラジルから侵攻してきたポルトガル勢力がバンダ・オリエンタルを併合すると，西のアルゼンチンがこれに強く反発し，バンダ・オリエンタルを支援し始めた．その結果，1825年にアルゼンチンとブラジルは交戦状態に突入した．1828年，バンダ・オリエンタルは，当時南米に大きな影響力を有していた英国の介入により，ウルグアイとして独立することになる．1830年に初の憲法が制定され，クレオールの軍人F・リベラが初代大統領に選出された．

1831年4月11日，リベラ初代大統領の指示によって，独立間もないウルグアイ領からチャルーアの人々を排除する目的で実行されたのが**サルシプエデス事件**である．リベラ大統領の甥であるB・リベラは，チャルーアの首長（カシケ）たちに国境警備に協力するよう要請し，北部サルシプエデス川のほとりに集合するよう呼びかけた．こうして1か所に集められたチャルーアの人々は軍の待ち伏せ攻撃により殺害された．

リベラ大統領は事件の翌日，4月12日付書簡の中で，サルシプエデス川でチャルーア40人を殺害し，女性・子どもを中心に300人を生け捕りにしたと記している．さらに彼は4月15日付書簡で，この作戦の勝利を完全なものとするために，殺害を免れて逃亡したチャルーアの人々を完全に絶滅するまで追跡せよと指示を出している．リベラ大統領はサルシプエデス事件について議会で報告しておらず，この件についてウルグアイ政府は公式に調査を行っていないため，犠牲者の詳細はいまだ不明なままである（Acosta y Lara, 2013）．

2.3 最後のチャルーアたち

チャルーアの人々は，ウルグアイの地から文字通り完全に死滅したわけではなかった．彼らは，奴隷や民族展示物として虐待され，ウルグアイの歴史の中で不可視化され抹殺されていった．

サルシプエデス事件で生け捕りにされたチャルーアの女性・子どもたちは首都モンテビデオに連行された．連行の途上で親子引き離しの上，農村に分配され，奴隷として家内労働や農場労働に従事させられた者もいた．1830年憲法で奴隷制は廃止されていたが，19世紀後半まで入植地の農場や牧場では**奴隷**が存在していた．チャルーアの子どもたちは，教会により「不信心者の親」の子として洗礼を受け，キリスト教徒として育てられた．彼らは，混血と世代交代によりクレオール中心の社会に同化させられ，見えない存在となったのである．

チャルーアの人々の中には見世物として好奇の視線に晒された者もいた．首都モンテビデオに連行された者たちの一部は，フランス人商人に譲渡され，1833年にフランスに渡った．彼らはそこであたかも南米産の珍獣のように展示された．当時は世界各地で万国博覧会が開催され，帝国主義諸国はこぞって植民地の文物を陳列した．特に，植民地から連れて来た人間を展示する**民族展示**は万博の目玉だった．

1930年に，「**最後のチャルーアたち**」と題した評論がウルグアイの『考古学愛好家協会報』に発表された．著者はポール・リヴェ．著名な民族学者でパリ人類博物館の創設者である．彼はフランスで展示され客死した4人のチャルーアたち（その名前はバイマカ，タクアベ，セナケ，グシュヌサと呼ばれた）を研究材料としてその成果を発表した．

リヴェが「最後のチャルーアたち」を発表したのと同じ頃，ウルグアイは独立100周年を祝っていた．ウルグアイ政府は記念行事の一環として，教育省主導で1100頁におよぶ豪華な記念アルバムを製作した．そこでは先住民は，ウルグアイ国家の歩みとは無関係の存在としてしか扱われていない（写真11-2）．先住民が建国期の指導者によって多数殺害されたこと，生き残った者たちが家族離散，奴隷，民族展示などを経験したことなどはまったく言及されていない．

先住民に対するこうした扱いは現在でも基本的に同じである．先住民は，博物館の展示物の枠組みに押し込まれ（写真11-3），同時代を共に生きる存在ではなく，過去の遺物として展示され，**不可視化**させられている．

写真11-2　独立100周年記念アルバム
出所：1925年8月刊行．2024年，中沢撮影．

写真11-3　ウルグアイ博物館
出所：2014年，中沢撮影．

> **ワーク2**
>
> ウルグアイではどのように先住民の存在が消去されたのだろうか．写真
> 11-2 と写真 11-3 の先住民の姿から受ける印象と共にまとめてみよう．

3 調べたことを考察する
入植者植民地主義，ジェノサイド，移行期正義

　ここでは，1）入植者植民地主義と2）ジェノサイドで先住民に対する暴力
の背景と特質について考察し，3）先住民運動と移行期正義で暴力の歴史にい
かに向き合うかについて考えよう．

3.1　入植者植民地主義

　ウルグアイの建国直後に行われた先住民に対する暴力的な排除の背景には何
があるのだろうか．ここでは，入植者植民地主義（セトラー・コロニアリズム）を
参考に考察しよう．**入植者植民地主義**とは，外部から来た入植者（セトラー）
が土地を占有し自ら開墾することを特徴とする植民地主義の形態である．入植
者は占有した土地にとどまるため，定住型植民地主義とも呼ばれる．開墾が進
み入植地が拡大するにつれ，土地をめぐって先住民との間でしばしば軋轢が起
きる．このため，先住民が暴力的に消去されることも珍しくない．

　オーストラリアの歴史家ウォルフは，早くから入植地植民地主義の研究に取
り組み，「入植者たちは定住するためにやってくる．侵略は構造であり，出来
事ではない」という言葉で入植者植民地主義の本質を端的に表現している
(Wolfe, 2006)．ウォルフによれば，先住民の消去は，入植者が作る社会の組織
原理であり，偶発的な出来事ではない．入植者植民地主義は構造的に**排除の暴
力**を含んでいるのである．先住民を消去する方法には，究極的な排除の形であ
るジェノサイド以外に，幼児の家族からの引き離し，改宗の強要など，様々な
形態をとる**同化政策**がある．

　チャルーアの人々は，もともと非定住者であり，ヨーロッパ人たちが恣意的
に引いた境界線をまたぎ自由に生活し，入植者たちにとって邪魔な存在であっ
た．ウルグアイの国境地域は，独立以前はスペインとポルトガルが領有権をめ
ぐって争う紛争地域であり，独立後も国境はあいまいで不安定であった．

　イギリスから来た入植者たちは，ウルグアイ新政府に対し高額の寄付を申し

156 第IV部 同化主義からの決別

出，寄付金をもとにチャルーアの人々を追放してほしいと陳情した（Acosta y Lara, 2013）．リベラ初代大統領はじめウルグアイの支配者たちがとった方法は，徹底したものであった．彼らは，文明を体現する白人が野蛮な先住民を征服しなければならないと考え，チャルーアの人々を組織的に殺害した．

ヨーロッパの入植者たちは，生き残ったチャルーアの人々を白人中心社会へ同化させ，見えない存在として消去した．19世紀を通じてウルグアイはヨーロッパから大量の入植者を受け入れ，白人国家の道を歩む．**白人移民の国**は，先住民の消去の上に成り立っているのである．

3.2 ジェノサイドと人種差別

1831年のサルシプエデス事件は，これまで「戦闘による殺害行為」とされてきた．しかし，ウルグアイ人心理学者J・E・ピセルノは，事件に関わる膨大な1次史料を発掘し，F・リベラ本人ほかの当事者が交わした当時の書簡を精査した．その結果，サルシプエデス事件は意図的に行われたジェノサイド（集団殺害）であると結論づけた（Picerno, 2008）．以下，主にピセルノが発見した史料に基づいて事件の背景を考察しよう．

ピセルノが指摘するジェノサイドとは，1948年のジェノサイド条約が定める集団殺害を指す．同条約によれば，**ジェノサイド**とは，「国民的，人種的，民族的または宗教的集団の全部または一部を破壊する意図をもって行われる行為」である．その行為には以下の5つが含まれる．①集団構成員を殺害すること．②集団構成員に対して甚大な身体的・心理的危害を加えること．③集団構成員に対してその生存を妨げるような条件を押し付けること．④集団構成員の新たな生誕を意図的に妨げる方法を採ること．⑤集団構成員の子どもを他の集団に強制的に移すこと．ここで，集団構成員をチャルーアの人々に置き換えれば，サルシプエデス事件のジェノサイドとしての側面が浮かび上がってくる．

このようなジェノサイドとしてのサルシプエデス事件は突発的な出来事であったのだろうか．事件の背景に何があったのだろうか．チャルーアの人々の殺害を軍に命じたリベラ大統領の決断が事件の引き金になったことは疑いない．彼は，事件の数週間前に親友に宛てた書簡で，「歴代のスペイン王権の誰も成し得なかったチャルーアの排除をこれから自分は実行する．なんと素晴らしいことであろう」と綴っている．かつての支配者スペインに代わり国家権力

を手中に収めた初代大統領の高揚した気分が読み取れる.

しかし，サルシプエデス事件をF・リベラ個人の責任に帰することはできない．ピセルノは，事件の背景として，数百年にわたってヨーロッパ人の間に蓄積されてきた**人種差別**を指摘する．すなわち，16世紀にラプラタ川沿いにやって来たヨーロッパ人は，自分たちとまるで異なる先住民に対し強い偏見や先入観を抱いた．この地にはじめて到達したヨーロッパ人航海者J・D・ソリスは現ウルグアイ領に上陸後，先住民と交戦のすえ死亡したとされる．彼の死亡の報は「ソリスが先住民の攻撃を受けて殺害され，先住民に食べられた」という伝聞とともに，長い時間をかけヨーロッパ人たちに広まった．この伝聞は18世紀には「ソリスを食べたのはチャルーアである」と形を変える．具体的な証拠なしにチャルーアの人々は野蛮な食人俗（カニバリズム）の慣習をもつ者として人間性を否定されるのである.

チャルーアの人々がキリスト教を受け入れなかった点もヨーロッパ人たちの敵意をかきたてる要因となった．18世紀後半，軍人や植民地の高官が「チャルーア，ボアン，ミヌアンなど，盗みや殺人を働くこやつらは，全員が不信心者で，信用なりません」などと，先住民全体に対する強い憎悪・差別意識をあらわにするようになる.

こうした人種差別や敵意をF・リベラら19世紀の白人系クレオールも受け継いだ．サルシプエデス事件の前後にF・リベラと取り巻きたちの間で交わされた書簡には，「チャルーアは野蛮人の群れである」，「国家の領土を汚す害虫である」，「犯罪者であるチャルーアを絶滅させなければならない」といった，ジェノサイドの意図を示す文言があふれている.

ここで「犯罪者であるチャルーア」とは，彼らが戦闘でヨーロッパ人を殺害し，しばしば牛馬や食糧を奪ったことを指すと推測される．しかし，これらの行為をもってジェノサイドを正当化することはできない．事件が起きた時，ウルグアイは既に憲法を制定し，まがりなりにも法治国家の体裁を整えていた．しかし，チャルーアの人々には法は適用されなかった．彼らは公正な司法の機会を与えられることなく，ジェノサイドによって強制排除されたのである.

3.3　先住民運動と移行期正義

ウルグアイでは，先住民が過去の遺物として忘却され不可視化されてきた．しかし，建国から150年超を経た20世紀末以降，新たな動きが始まった．先

住民運動が登場し，過去を想起し，先住民の存在を**可視化**しようとしている．
20世紀末は，多くのラテンアメリカ諸国で軍政が退き，民主化に伴い旧体制
が犯した過去の過ちを問う移行期正義の取り組みが始まった時期である．

　移行期正義とは，過去に起きた人権侵害の遺産に向き合おうとする社会の試
みの総体を指す（2004年国連事務総長報告書）．ウルグアイにおける移行期正義は
主に冷戦下の抑圧的な国家権力を対象にしてきた．しかし，上記の定義からす
れば，移行期正義の議論を用いて19世紀建国期の指導者が先住民に対して
行った暴力を問うことも可能である．ここでは，ウルグアイの先住民に対する
過去の暴力を問う**先住民運動**の活動を取り上げ，どのような形で移行期正義を
実現しようとしているかについて見てみよう．

　1988年11月，軍民独裁時代（1973～1985年）が終わり民主主義に移行して
3年後に，先住民の子孫が初めて一同に会する全国集会が開催された．このと
き，首都モンテビデオのプラド公園にある「最後のチャルーアたち」4人の銅
像（1938年建立）の前に，集会を記念するプレートが設置された．翌1989年8
月19日には，フランスにある「最後のチャルーアたち」の**遺骨返還**を要求す
る**チャルーア子孫の会**（ADENCH）が結成された．1989年は，ウルグアイにお
いて先住民運動が組織され可視化された画期的な年となった．

　2000年9月には，ホルヘ・バジェ政権下で「フランス共和国で死亡した
チャルーアの遺骨の存置場所特定およびそのウルグアイへの返還に係る法律」
（第17256号）が制定された．同法に基づき，それまでADENCHとウルグアイ
政府およびフランス政府との間で行われてきた交渉が前進する．

　その結果2002年に，パリ人類博物館が保管していた「最後のチャルーア」
の1人バイマカの遺骨が返還され，モンテビデオの中央墓地内にある国民墓
地に埋葬された．この年には，「ホッテントット・ビーナス」という名で展示
され，ホルマリン漬け標本の形で保管されていた先住民女性の遺体もフランス
から南アフリカに返還されている．反人種主義キャンペーンが国際的に展開さ
れ，かつての植民地帝国に略奪の補償を求める声が高まっていた時期である．

　さらに2005年6月24日，ADENCHを含む6つの先住民団体が**チャルー
ア民族評議会**（CONACHA）を結成した．2005年は，中道左派連合「拡大戦線」
がウルグアイ史上初めて政権の座についた年でもある．2000年代初頭は，従
来の新自由主義政策の是正を訴える左派政権がラテンアメリカで相次いで登場
した時期である．またボリビアで先住民系の大統領が登場するなど，先住民と

政治との関係が変化しつつある時期でもあった.

CONACHAのウルグアイ政府に対する主な要求は,チャルーアの人々をウルグアイの先住民であると認め,ILO先住民条約（第169号）を批准すること,そしてサルシプエデス事件がジェノサイドであったと公的に認めることである.これに対しウルグアイ政府は,「拡大戦線」政権下の2009年に「チャルーア民族および先住民アイデンティティの日」を制定し,また2014年にアルマグロ外相が国連で先住民の絶滅について公的に謝罪するなど,その要求に応えてきた.先住民の権利に関する国連宣言（2007年採択）の後押しもあったであろう.しかし,政府はジェノサイドが行われたと認めるには至っていない.

国家権力によって先住民に対して行われた過去の多大な暴力とどう向き合えばよいのだろうか.辛い過去の事実をなるべく早く忘れたいと思うのは人間の本性である.しかし,その事実をあえて想い起こすこともまた,過去との向き合い方である.ウルグアイの先住民運動は,①過去を積極的に想起し記念する,②先祖の遺骨を取り戻し埋葬する,③国家にジェノサイドの責任を認めさせる,という形で過去と向き合い,移行期正義を実現しようとしている.

消された歴史を取り戻す.先住民を可視化し,忘却された過去を甦らせる先住民運動は,「ウルグアイ人とは誰か」をめぐる人々の意識を変革し,多民族に開かれた国民アイデンティティを構想するきっかけを作っている.

ワーク3

ウルグアイの先住民に対して行われた暴力の背景には何があったのだろうか.そのような暴力の歴史にどのように向き合おうとしているのだろうか.

4 問いの答えを探る
多民族共生の条件としての国民アイデンティティ

本章冒頭で掲げた問いに立ち返ろう.本章は,ウルグアイと先住民という,一見結びつきそうにないテーマを設定した.国勢調査を手掛かりに,ウルグアイの国民アイデンティティは,先住民の存在を忘却し,不可視化することによって出来上がったのではないか,そしてウルグアイには消された歴史があるのではないか,と問うところから出発した.

160　第Ⅳ部　同化主義からの決別

　歴史をさかのぼって調査すると，まず，現在のウルグアイにはチャルーアの
人々など様々な先住民が居住していたことが分かる．16世紀初頭にヨーロッ
パ人が到来して以来，時に友好的ながらも，時に敵対的な両者の関係が始まっ
た．現在のウルグアイは，かつてバンダ・オリエンタルと呼ばれ，スペイン人
やポルトガル人はじめ様々な勢力が入り乱れて支配権争いを展開する地であっ
た．巻き込まれた先住民のうち，特にチャルーアの人々はヨーロッパ人の蔑視
と不信，恐怖や憎悪の対象になった．

　1831年，ウルグアイが独立した直後，チャルーアの人々に対するジェノサ
イドが行われ，集団殺害という究極の形で先住民の排除が行われた．虐殺のみ
ならず，家族離散や奴隷を経験した者，フランスで動物のように展示され研究
材料になった者もいた．ジェノサイドの事実が封印され忘却される過程で，先
住民は過去の遺物として不可視化された．

　入植者植民地主義は，ウルグアイ建国時の先住民の虐殺が例外的な事象では
なく，世界各地で一般的に見られる事象であることを明らかにしている．また
虐殺は，突発的に起きたわけではなかった．チャルーアの人々に対する人種差
別が，長い間に蓄積され，強い恐怖と憎悪を伴う差別意識へと発展し，指導者
の個人的野心とも相まって集団殺害を引き起こしたのである．

　20世紀末以降，先祖の遺骨返還要求から出発した先住民運動が，過去を問
い直し，移行期正義を追求し続けていることも忘れてはならない．戦争，植民
地主義，奴隷制，ジェノサイド，国家テロなど，国家や社会が犯した過去の過
ちを歴史的事実として明らかにしようとする試みが世界中で進行している．ウ
ルグアイでの実践も，こうした世界的な動きの中に位置づけられるだろう．

　消された歴史が甦ることで，ウルグアイでは「先住民のいない国」という建
国以来の国家像が変更を迫られている．これまで，ウルグアイの国民アイデン
ティティは先住民の排除と忘却の上に成り立ってきた．多民族の共生社会を目
指すとき，歴史から忘却されてきた先住民を包摂するような国民アイデンティ
ティとは何か，と問うことが重要になる．ウルグアイの取り組みから日本社会
が学べるものが数多くあるはずである．

ワーク4

　ウルグアイは「先住民のいない国」なのだろうか．過去に向き合い，国
民アイデンティティを問い直す取り組みはなぜ重要なのだろうか．

第 11 章　ウルグアイ先住民に何が起きたのか　　161

キーワード ●●

入植者植民地主義：セトラー・コロニアリズムや定住型植民地主義ともいう．歴史上，植民地化には様々な形態が存在するが，入植者植民地主義の特徴は，入植者自身が土地に定住し開墾を行う点にある．その入植の過程で先住民に対する暴力が行われた事実がいくつも報告されている．

ジェノサイド（集団殺害）：ユダヤ系ポーランド人法律家のラファエル・レムキンが考案した概念．1948 年のジェノサイド条約では，国民的，人種的，民族的または宗教集団を破壊する意図を持って行われる行為と定義される．

移行期正義：過去に起きた人権侵害の負の遺産に向き合おうとする社会の試みの総体を指す．ラテンアメリカ諸国では，1980 年代以降の民主化の過程で，真相究明委員会の設置や，人権侵害の責任者に対する裁判の形で移行期正義が追求されてきた．

ブックガイド ●●

Acosta y Lara, E.（2013）*La guerra de los charrúas en la Banda Oriental*, Montevideo: Ediciones Cruz del Sur. ウルグアイ民族史の草分け的著作．初版 1961 年．

Erbig, J.（2020）*Where Caciques and Mapmakers Met: Border Making in the Eighteenth-Century South America*, Chapel Hill: The University of North Carolina Press. 南米における地図製作史から先住民とヨーロッパ人の交渉の歴史を描いている．

Picerno, J. E.（2008）*El genocidio de la población charrúa*. Montevideo: Biblioteca Nacional. 未公刊の膨大な 1 次史料を発掘してチャルーアの人々に対するジェノサイドの実態に迫っている．

Sans, M.（2011）"National Identity, Census Data, and Genetics in Uruguay," in S. Gibbon, R.V. Santos, M. Sans eds., *Racial Identities, Genetic Ancestry, and Health in South America*. New York: Palgrave Macmillan. 「先住民のいない国」というウルグアイの国民アイデンティティを，ゲノム解析などの生物学から批判的に検討している．

Wolfe, P.（2006）"Settler Colonialism and the Elimination of the Native," *Journal of Genocide Research,* 8(4): 387–409. 「入植者たちは定住するためにやってくる．侵略は構造であり，出来事ではない」という言葉で，入植者植民地主義の暴力が組織的なものであることを端的に指摘している．

162 第IV部 同化主義からの決別

ワークシート

ワーク1

表11-1の国勢調査の結果（自己認識）と遺伝子研究の結果の相違は，なぜ起きたのだろうか．

ワーク2

ウルグアイではどのように先住民の存在が消去されたのだろうか．写真11-2と写真11-3の先住民の姿から受ける印象と共にまとめてみよう．

ワーク3

ウルグアイの先住民に対して行われた暴力の背景には何があったのだろうか．そのような暴力の歴史にどのように向き合おうとしているのだろうか．

ワーク4

ウルグアイは「先住民のいない国」なのだろうか．過去に向き合い，国民アイデンティティを問い直す取り組みはなぜ重要なのだろうか．

第12章 米国への移民はなぜ反対されるのか
──メキシコ系移民の排除と包摂──

石黒　馨

1 問いを発見する
国境の壁とメキシコ系移民

　トランプ政権は，発足直後の2017年1月に「特定国からの入国禁止令」に署名した．その後，2018年4月に不法入国者に対する「不寛容政策」を実施し，2019年7月に不法移民を一斉摘発した．トランプ政権の移民政策の象徴がメキシコとの**国境の壁**である．

　米国とメキシコの国境線は3141km，そのうち国境の壁は930kmに及ぶ．壁がない場所は監視カメラとセンサーによって仮想フェンスが設けられ，米国国境警備隊によって監視されている．米国には多くのメキシコ系移民が居住しているが，なぜ，米国政府はその受け入れに反対するのだろうか．

　1960年代以降，メキシコからの移民が急激に増加し，米国社会においてメキシコ系移民が目立つ存在となってきた．米墨戦争（1846-48年）後，メキシコ領土の半分が米国に割譲され，メキシコ系住民が米国内で居住することになった．その後，メキシコ革命（1910-17年）や第二次世界大戦を機に米国に渡るメキシコ人が増加した．**メキシコ系移民**（米国に移動しそのまま定住したメキシコ生まれの住民）は，図12-1のように1960年の57万5900人から2010年の1171万1100人に，50年間で約1100万人増加した．

　米国へのメキシコ系移民増大の契機になったのは，1942年に米墨政府間で締結された**ブラセロ計画**である（Gonzales, 1999）．これは，米国内の農業労働者の不足を補うために6か月以内の一時滞在ビザを発給するプログラムで，米国南部において農業労働をするメキシコ系移民を受け入れた．1942年から1964年末の同計画廃止までの22年間に450万人以上のメキシコ人が米国に移動した．この間に，米国国境警備隊によって逮捕されメキシコへ強制送還された非正規移民は約500万人にのぼった．その一方で，多くのメキシコ系の

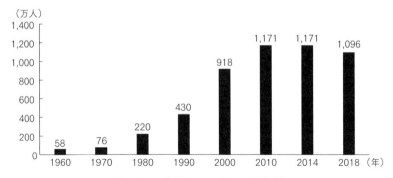

図 12-1 米国へのメキシコ系移民
出所：米国移住政策研究所の資料をもとに筆者作成．

非正規移民が米国内に残留した．

　メキシコ系住民は今日，米国社会の最大のエスニック集団になっている．2020 年の米国国勢調査によると，全米居住人口（米国市民権の取得者も非取得者も含む）は 3 億 3144 万人である．2010 年からの 10 年間で，ヒスパニック系が 5048 万人から 6210 万人（人口比 18.7 %）に増加し，その中でも最も多いのはメキシコ系で 3180 万人から 3719 万人（人口比 11.2 %）に増加した．今や米国居住者の 10 人に 1 人がメキシコ系住民である．近年では，米国生まれのメキシコ系住民が増大し，メキシコ系移民は減少している（図 12-1 参照）．

> **ワーク 1**
> 米国とメキシコの間に長い国境の壁があるのはなぜだろうか．

2 問いを調べる　メキシコ系移民排除の実態

　米国社会におけるメキシコ系移民の排除の実態を，1) 正規移民の壁，2) 強制送還，3) メキシコ系移民の経済的排除という点から調べてみよう．

2.1　正規移民の壁

　メキシコ系移民が米国の市民権を得るためには越えなければならない壁／ゲートが 4 つある（図 12-2）．最初の壁は①**国境の壁**である．これは単に物理的な壁ではなく，主権国家間の境界線である．この国境を越えれば，米国の法

図 12-2 移民の 4 つの壁

出所：筆者作成．

体系が適用される．米国の滞在許可（ビザ）や市民権を持っていれば，この国境を難なく越えることができる．しかし，それがなければ，不法入国者や非正規移民として米国当局の取締りの対象になる．

米国に入国した移民にとって最大の壁は②**正規移民の壁**である．米国への入国者は，②から④の壁／ゲートにおける申請基準を満たせば，短期滞在権，長期滞在（永住）権，米国市民権が得られる．正規移民の壁を越えられない移民が非正規移民である．**非正規移民**には，ビザなしで入国する不法入国者（密入国者や偽造パスポート所持者），観光ビザで入国しそのまま滞在期限が切れた者，短期・長期の在留ビザの期限が切れた者など多様な形態がある．2016 年現在，米国には約 1150 万人の非正規移民がいる．この内約 60 ％がメキシコ人である (Borjas, 2016；小井土，2017)．

非正規移民に対する米国当局の対応は，彼らの身分の合法化か，あるいは本国への強制送還である．非正規移民は，合法化の可能性がある者（米国社会への包摂）と，合法化の可能性がない者にまず分断される．合法化の可能性がない者は，さらに犯罪歴などによって米国社会にとってリスクの度合いが測られる．そしてリスクの高い非正規移民／犯罪者移民は強制送還（米国社会から排除）の対象にされる．

非正規移民の合法化の 1 つのプログラムに，2012 年 6 月にオバマ政権下で実施された「若年移民に対する国外強制退去の延期措置（**DACA**）」がある．これは，両親などと共に幼少期に米国に不法入国した若者を対象に就労ビザを与え，国外退去を 2 年間延期する措置（更新可能）である．このプログラムの申請条件は高校以上の学歴と犯罪歴が無いことなどである．

このプログラムによって米国社会に一時的に包摂された非正規移民は，個人

情報がデータベース化（**移民の可視化**）され，米国当局によって管理や監視の対象にされる．同様のプログラムは，2001年4月以降，**ドリーム法**（DREAM Act）として審議されてきたが，法案としては議会で承認されていない．

非正規移民が正規移民になる可能性は他にもある．移民には**混合在留資格**の家族がいる．メキシコ系移民の夫婦が幼少期の子どもを連れて入国し，米国で子どもを出産するとしよう．このとき，両親が非正規移民でも，年長の子どもは DACA によって正規移民になる可能性がある．米国生まれの年下の子どもは米国の市民権が得られる．この年下の子どもが21歳になると，両親の保証人として両親に永住権を取らせることができる．

2.2 強制送還

米国当局の非正規移民への対応のもう1つは，本国への強制送還である（小井土, 2017）．米国から強制送還された者は，1996年から2014年までに460万人に達する．2012年の1年間に強制送還された者は約40万人であるが，そのうち約70％がメキシコへの強制送還であった．メキシコに強制送還された者は母国でも居場所を見つけることは難しい．彼らの中には全財産をなげうって越境した者も少なくないからである．そうなると，彼らはリスクを冒して再び米国への越境を試みることになる．

2001年の9.11テロ以降，米国の**移民問題**は，人種差別や経済格差の問題だけではなく，安全保障の問題にもなった．9.11テロは移民の環境を一変させたのである．移民には厳格なID（個人識別）が与えられ，デジタル情報によってデータベース化され管理がより強化された．それまで緩やかに存在していた非正規移民は，米国当局から厳しく管理や監視される対象になり，強制送還者も年間30〜40万人に達した．

9.11テロ後の2001年10月に制定された**米国愛国者法**の下で，米国はテロとの戦争を正面に据えた．そのために，従来の司法省管轄下の移民帰化局が廃止され，移民政策は**安全保障政策**の中に位置づけられることになった．2002年11月に国土安全保障省が設置され，その中で移民政策の管轄は，正規移民への行政サービスを担う市民権・移民支援局と，移民規制を行う移民・関税取締局とに分割された．

移民・関税取締局の重要な仕事に**犯罪者移民**の取締りがある．テロや組織犯罪から米国社会を守るという口実で，2010年以降オバマ政権下でこの犯罪者

表 12-1　ローガン地区のメキシコ系住民の貧困

(単位：%)

		ローガン地区	米国全体
エスニック	メキシコ系	82.3	10.3
教育水準	9 年生まで	29.2	6.2
	高校未修了	50.7	14.9
生活言語	スペイン語	80.1	12.5
	英語	18.5	79.9
英語能力	堪能でない	43.8	27.9
就業構成	サービス業	42.1	25.0
貧困率	年収 2.5 万ドル未満	41.8	23.5

出所：米国国勢調査（2010 年）をもとに筆者作成.

移民の大規模な強制送還が行われた．強制送還者の犯罪の内容を見ると，テロ・暴力や組織犯罪に関わるような重罪ではなく，不法入国や軽犯罪が多い．非正規移民は，交通違反（免許不携帯や信号無視）のような軽犯罪を根拠に犯罪者移民として強制送還されるのである．このような強制送還の増大が非正規移民に日常的な不安や恐怖感を与えている（Karla, 2020）.

2.3　メキシコ系移民の経済的排除

　メキシコ系移民の多くは，米国社会から経済的にも排除され貧困を強いられている．2010 年の米国国勢調査をもとに，メキシコ系住民が多いカリフォルニア州サンディエゴ市ローガン地区の実態について見てみよう（図 12-3）．サンディエゴ市はメキシコ側の都市ティファナと国境を接し，ここには国境検問所がある．ローガン地区の人口は 2 万 7556 人で，メキシコ系住民の比率が 82.3 ％と非常に高い.

　地区住民の**教育水準**は低く，生活言語はスペイン語で，英語能力は低い．教育水準は，25 歳以上の居住者のうち，日本の中学 3 年生に相当する 9 年生までの教育しか受けていない者が 29.2 ％もおり，高校未修了者になると 50.7 ％に達する．生活言語は主にスペイン語で，5 歳以上の居住者の 80.1% が家庭内でスペイン語を主言語としている．英語能力は，英語が堪能でない（22.6%）とまったく話せない（21.2%）を合わせると 43.8% を占める.

column

　米国に来たとき，フリアンは英語をひと言も知らなかった．米国での最初の食事はポテトチップス1袋とボトルウオーター1本だった．入国の2日後に，レストランの皿洗いとして働き始めた．ボスたちは暴君だった．フリアンに怒鳴り散らし悪態をついた．労働時間が長く報酬もあまりに少なかったので，彼は日雇い労働に挑戦することにした．ところが，友人たちと街角に立ったが，英語が分からず，雇い主に怒鳴られ怖くて縮みあがった（Karla, 2020）．

　この地区住民は，低い教育水準や英語能力のために，多くが**低度技能労働**に就いている．就業構造を見ると，サービス業（42.1%），建設業（18.0%），営業・事務職（17.4%），製造・輸送業（15.1%）などである．最も多いサービス業の職種には，清掃員・建物管理，警備・販売員，食品加工・給仕などがある．雇用形態は日雇いやパートタイムのような有期雇用が多い．非正規移民の場合，米国の法律で守られることはなく，雇用契約も不明確で，突然の解雇や賃金の未払いも日常茶飯事である．

　ローガン地区の**貧困率**は41.8％で，米国内でも異常に高い．米国政府が設定した2010年の貧困ラインは5人家族で2万5790ドル（2010年8月31日の1ドル＝85円の為替レートで換算すると，219万2150円）である．この貧困ライン以下の世帯（貧困世帯）は，米国全体では23.5%であるが，ローガン地区では41.8％であり，貧困率の高さが分かる．

　非正規移民は病気やケガなどの健康被害を受けても，医療保険に入っていないので医療機関で治療を受けることはできない．治療費が支払えない移民は医療機関から治療を拒否される場合も多い．医療機関から通報され強制送還されることを恐れ，非正規移民は，医療機関での受診を避けようとする．医学的な治療を受けられない非正規移民は，不可思議な薬草を用いた民間療法や怪しげな祈祷師が行う民間宗教に頼っていく（Karla, 2020）．

ワーク2

　米国における正規移民の壁とは何だろうか．米国社会におけるメキシコ系移民の経済的排除の実態について調べてみよう．

3 調べたことを考察する
米国の移民政策と非正規移民の役割

メキシコ系移民に対する社会的排除はどのように正当化されているのであろうか．1）米国の移民政策，2）移民の経済的評価，3）非正規移民の役割という点から考察してみよう．

3.1 米国の移民政策——人種的排外主義と能力主義

米国の移民政策は，移民受け入れの反対派と賛成派の間で対立している．移民受け入れ反対派には，人種差別的な排外主義や，米国人労働者の所得分配の悪化を懸念する議論がある．他方，移民受け入れ賛成派には，人種差別を批判する人権主義や経済的な市場原理主義の議論がある．これらの対立的な議論の背景にあるのは，どのような移民を米国社会に包摂し，どのような移民を米国社会から排除するかという移民を選別する基準を巡る議論である．すなわち，選別された者（正規移民）は米国社会に包摂されるが，選別されなかった者（非正規移民）は米国社会から排除されるのである．

人種主義から雇用基準へ：米国の移民政策は，1965 年の**移民法**によって**人種主義**による選別から雇用基準や人権基準による選別に変わってきた（小井土，2017）．米国では第二次世界大戦以降も，移民の人種主義的な選別が行われ，北欧や西欧からの移民を優先してきた．この政策は 1965 年の移民法によって大きく変わった．

1965 年の移民法によって移民は，雇用基準や人権基準（家族再統合）によって選別されるようになった．ここで重要なのは人権基準よりも雇用基準である．**雇用基準**とは，国籍や人種のような属性ではなく能力によって移民の受け入れを選別するものである．博士号取得者のような優秀な人材は，国籍や人種にかかわらず優先的に受け入れが認められた．

雇用基準は，一見すると反差別であり，人種主義よりも望ましい基準のように見える．しかし，メキシコ系移民にとっては，この雇用基準（能力主義）は大きなハードルである．彼らは，英語教育や専門教育を母国で十分に受けることができずに入国し，米国では低度技能労働者に分類されることが多いからである．さらに，人種主義が完全に克服されることなく，能力主義に基づく雇用基準が導入されたために，多くのメキシコ系移民は，人種主義と同時に雇用基準という二重の選別を受けることになった．

170 第Ⅳ部 同化主義からの決別

能力主義の全開：1990年の**改正移民法**よって**能力主義**（市場原理主義）に基づく移民政策が実施されることになった．この改正移民法で特に重要なのは，米国の経済成長にとって必要な**高度技能移民**を積極的に受け入れる短期就労ビザ（H1B）の創設である．このようなビザが創設された背景には，貿易や投資および金融のグローバル市場における企業間や国家間の激しい競争がある．米国は，このグローバル競争に勝ち抜くために優秀な人材を必要としたのである．このH1Bビザによって，1990年代末までの10年間に約40万人の高度技能移民が受け入れられた．

H1Bの就労許可（3年間の滞在ビザ）が発給されるのはIT関連産業などの高度技能移民である．高度技能移民を雇用したい雇用主はビザの発給を政府に申請しなければならない．ただし，このビザの目的は，国内の高度技能労働者の供給不足への対応である．そのため，H1Bには，国内の労働者に不利にならないように，年間の受け入れ人数にも6万5000人の上限がある．しかし，いくつかの条件によってその枠外での受け入れが行われている．H1Bのプログラムは，総体的に資格要件が緩く，期間も人数規制も伸縮性がある．

このプログラムの利用者の多くはインド系移民である．毎年新規の受け入れの70％以上がインド人である（小井土，2017）．その理由は，IT産業がグローバル化し，インドでIT産業の産業集積が行われているからである．米国のIT産業で不足する高度技能労働者をインドから調達するのである．米国とインドのIT産業の間には，インド系の高度技能移民の回廊が作られている．2022年のH1B申請数は，アマゾン，グーグル，マイクロソフトといった巨大IT企業が上位を占めている．

3.2 移民の経済的評価——選別が必要な理由

移民受け入れに反対する意見がある背景には，移民受け入れによる米国人労働者の賃金の低下や雇用条件の悪化および米国社会の財政負担などがある．

米国人労働者への影響：移民の労働市場への影響については，低度技能労働者を中心に米国人労働者の賃金の低下と雇用の減少が懸念されている．

米国人労働者の賃金に及ぼす影響は，一般的には賃金を引き下げる方向に作用する．その影響は，移民と競合する米国人の労働市場によって異なる．低度技能労働市場ほど，米国人労働者の賃金は低下する．ボージャスの研究では，移民労働者が10％増大すると，賃金は3％下がる（Borjas, 2016）．

米国人労働者の雇用への影響は，移民と米国人労働者が代替的か補完的かによって異なる．低度技能労働者が競合する代替的な労働市場では，米国人の雇用は減少する傾向がある．他方，低度技能移民と補完的な高度技能労働の米国人労働者の場合は，雇用が増大する可能性がある．よって，米国人の雇用への影響は一概には言えない．

米国の財政負担：移民受け入れの財政負担への影響は，移民が収める税収と移民に対する教育・医療・社会保障・年金などの財政支出との関係によって決まってくる．

第1に，移民は，所得税・消費税・固定資産税などの支払によって米国財政に貢献する．ただし，多くの移民は所得が少ないので，所得税の納税額は少ない．低所得のために所得税を払っていなくても，移民は消費税を支払う．さらに移民の流入によって人口が増大すると，地域の不動産価格が上昇し，地域全体の固定資産税の支払が増大する．

第2に，移民関連の財政支出には，教育・医療・社会保障・年金などがある．幼少期の移民には教育支出が必要になる．低度技能移民が多いと，所得が少ないので，生活保護支出が増大する．医療支出は平均的な米国人よりも少ないが，社会保障（メディケイド・フードスタンプ・現金給付など）の受給比率は，米国人よりも高い．移民の46％が何らかの公的扶助を受けている．公的年金は，勤労期の移民が多ければ保険料収入が多いが，退職後の移民が増大すれば年金支払額が多くなる（Borjas, 2016）．

第3に，移民受け入れの財政負担は，一般的に移民の年齢構成によって異なる．幼少期には，教育や児童福祉のような行政サービスを一方的に支給しなければならない．勤労期になると，政府給付よりも移民の納税の方が多くなる．退職後の老齢期には，納税以上に公的年金や医療サービスなどの政府給付が増大する．移民受け入れは，勤労期に移民が流入し，退職後に移民が母国に帰国すると，米国の財政負担は少なくなる．

第4に，DACAプログラムは，教育歴や犯罪歴によって非正規移民を選別し，勤労期に米国社会に貢献する可能性の高い若年層を一時的に包摂するプログラムである．2020年3月時点のDACA取得者は64万3560人である（Karla, 2020）．しかし，その選別基準から外れた若年層は，財政負担が嵩み，安全保障上のリスクも上昇する．

米国政府は，財政負担を軽減し，安全保障上のリスクを回避するために，高

172　第IV部　同化主義からの決別

齢化した非正規移民や犯罪者予備軍の移民を米国社会から排除し，強制送還の対象にしている．

3.3　非正規移民の役割——景気変動の調整弁

　非正規移民は，移民にとっても米国政府にとっても費用がかかる．メキシコ系移民は，米国に密入国するのに斡旋業者（通称コヨーテ）に手数料が約 4000 ドル（農民の 4 年分の所得）かかる．これだけの費用をかけても，米国で仕事が見つかる保証はない．米国政府にとっても非正規移民は，税収（家計平均 1 万ドル）よりも教育・医療・福祉などの財政支出（家計平均 1 万 4000 ドル）の方が多く，財政負担が大きい（Powell, 2015）．

　ではなぜ，非正規移民は存在するのだろうか．非正規移民が存在するのには，雇用主（米国社会）と移民の両者に理由がある．雇用主と移民のマッチングがうまく合えば，非正規移民の存在が社会的に容認される．表 12-2 は，雇用主と移民の**マッチングゲーム**を表す．ここで雇用主の選択は，A）正規移民を雇用するか，B）非正規移民を雇用するかとする．移民の選択は，C）在留資格を取得し正規移民として働くか，D）在留資格を取らずに非正規で働くかとする．

　雇用主は，A）正規移民を雇用すれば高い利益を得られるが，そのために雇用申請や社会保障費などの費用を負担しなければならない．他方，当局の取締りのリスクを冒して B）非正規移民を雇用する場合には，利益は少ないが，その雇用のための費用も少なくすむ．ただし，非正規移民の雇用が発覚すれば罰金を科せられる．移民は，C）在留資格があれば高い賃金を得られるが，そのためには在留許可証の入手に長い時間が必要になる．D）在留資格がない非正規移民の場合（コラムのフリアン）は，賃金は安いが，早く働くことができる．

　表 12-2 において，雇用主が正規移民を雇用する場合（第 2 列 A／正規移民の雇用）には，雇用主の純利益を 20 ドル/h としよう．このとき，C／正規移民

表 12-2　移民と雇用主のマッチングゲーム

移民／雇用主	A／正規移民の雇用	B／非正規移民の雇用
C／正規移民	（7 ドル，20 ドル）	（0，0）
D／非正規移民	（0，0）	（2 ドル，10 ドル）

注：括弧内の左は移民の給料，右は雇用主の利益を表す．
出所：筆者作成．

が雇用され7ドル/hの給料が支払われるとする．非正規移民は雇用されないのでその給料を0とする．雇用主が非正規移民を雇用する場合（第3列B／非正規移民の雇用）には，雇用主の純利益を10ドル/hとしよう．この利益は正規移民を雇用した場合よりも少ない．このとき，D／非正規移民が雇用されその給料を2ドル/hとし，正規移民は雇用されないのでその給料は0とする．

このマッチングゲームには2つの選択の組合せがある．1つは，雇用主が**正規移民**を雇用し，移民は在留資格を取得し正規移民となる場合（A, C）である．もう1つは，雇用主が**非正規移民**を雇用し，移民は非正規移民を維持する場合（B, D）である．このとき，雇用主は非正規と知りながら移民を雇用する．移民も正規になるよりも非正規でいることを選択する．米国当局が非正規移民を規制しようとしても，米国社会は非正規移民を受け入れることになる．

雇用主は，移民・関税取締局のウエッブサイト（E-Verify）を使って社会保障番号を入力すれば，移民が正規か非正規かを簡単に調べることができる．しかし，このような制度があっても実は非正規移民は労働市場から完全には排除されない．というのは，非正規移民は，賃金や雇用条件がより厳しい周辺的な労働環境でも働くからである．そして，こうした非正規移民を雇用したい雇用主も存在するのである．3K（きつい・汚い・危険）と呼ばれる過酷な労働現場では，非正規移民は重要な労働力になっているのである．

非正規移民の雇用は**景気変動の調整弁**によって影響を受ける．米国の景気が良いときは，労働市場の弁が開放され，非正規移民は貴重な労働力として雇用される．しかし，景気が悪化すると，労働市場の弁が閉められ，非正規移民は解雇されたり，より労働条件が悪い環境に追いやられたりする．雇用主／米国社会は，非正規移民であることを知りながら，強制送還の不安や恐怖を煽りながら彼らを雇用し搾取しているのである．

ワーク3

米国における能力主義の移民政策とはどのような政策だろうか．米国社会における非正規移民の役割について考えてみよう．

174 第IV部 同化主義からの決別

4 問いの答えを探る
能力主義と調整弁による移民の排除と包摂

「米国への移民はなぜ反対されるのか」という最初の問いに戻ろう．その解答は，移民政策における能力主義と，景気変動における調整弁によって与えられるだろう．

第1に，米国への移民はすべてが受け入れを反対されているわけではない．インド系の高度技能移民は積極的に受け入れられている．しかし，メキシコ系の低度技能移民や特に非正規移民は選択的に受入れられたり拒否されたりする．このような移民の選別は，能力主義の移民政策や景気変動の調整弁によって行われている．

第2に，米国の移民の選別基準は，人種主義から能力主義に変わってきた．インド系の高度技能移民は人種主義の基準では排除されるが，能力主義の基準によって受け入れられている．メキシコ系の非正規移民の多くは，能力主義の基準で排除される可能性が高い．米国の移民はその能力によって階層分化している．米国当局は，移民を米国社会に包摂可能な移民と，そこから排除すべき移民に分断し，より望ましい移民を創り上げている．

第3に，高度技能移民も低度技能移民も，そして正規移民も非正規移民も，市場原理主義すなわち能力主義によって競争の渦に巻き込まれている．H1Bの短期滞在ビザを巡る高度技能移民の競争は厳しい．最先端のIT技術は急激に発展し，その習得には時間も費用も必要になる．その競争に生き残った者だけがH1Bを手に入れることができる．そしてその厳しい競争は，移民が米国の市民権を取っても終わらない．米国は厳しい競争社会だからである．

第4に，非正規移民は米国社会から完全には排除されない．なぜなら，非正規移民が存在しなければ，米国経済は機能しないからである．非正規移民の雇用は米国の景気変動の調整弁によって左右される．非正規移民は，米国の景気が良いときは重要な労働力であり，景気が悪化すると解雇できる都合の良い労働力である．テロや組織犯罪のリスクが高い犯罪者移民は排除されるが，1150万人の非正規移民の存在によって米国経済はうまく機能しているのである．非正規移民は，日本の非正規雇用と同様にマルクスの言うような現代の産業予備軍である．

第 12 章　米国への移民はなぜ反対されるのか　175

ワーク4

　米国への移民はなぜ反対されるのだろうか．移民が受け入れられるために
は何が必要だろうか．

キーワード

メキシコ系移民：米国に移動しそのまま定住したメキシコ生まれの住民．2020年の米国国
勢調査では，メキシコ系居住者（米国市民権の取得者も非取得者も含む）は3719万人で
米国人口の 11.2 ％を占め，最大のエスニック集団である．近年では，メキシコからの移
民よりも米国生まれの住民（メキシカン・アメリカン）が増大している．
非正規移民：非正規移民は，法律を犯した不法移民と，滞在許可などの行政手続きが遅れて
いる移民の総称である．従来，不法移民と称されてきた多くの移民は，不法（illegal）よ
りも非正規（undocumented）の移民である．国際的には，不法移民よりも非正規移民の
名称が使われる．
能力主義の移民政策：1990年の改正移民法によって，米国の移民政策は能力主義の選別基
準が明確になった．この改正で，米国の国際競争力を維持するために高度技能移民を積極
的に受け入れる短期就労ビザ H1B が創設された．

ブックガイド

Borjas, G. (2016) *We Wanted Workers*, New York: W. W. Norton & Company（岩本正明
訳『移民の政治経済学』白水社，2017 年）．移民受け入れに伴う多様な問題を考慮して
移民受け入れの抑制を提案している．

Gonzales, M. (1999) *Mexicanos: A History of Mexicans in the United States*, Blooming-
ton: Indiana University Press（中川正紀訳『メキシコ系米国人・移民の歴史』明石書
店，2003 年）．メキシコ系米国人の移民の歴史を考察している．

Karla, V. (2020) *The Undocumented Americans*, New York: Lear Agency（池田年穂訳『わ
たしは，不法移民——ヒスパニックのアメリカ』慶應義塾大学出版会，2023 年）．非正
規移民であった当事者によってヒスパニック系移民の米国社会での実態が描かれている．

Powell, B. ed. (2015) *The Economics of Immigration: Market-Based Approaches, Social
Science, and Public Policy*, London: Oxford University Press（藪下史郎監訳『移民の
経済学』東洋経済新報社，2016 年）．市場原理主義の観点から移民受け入れの自由化を
提案している．

小井土彰宏（2017）『移民受入の国際社会学』名古屋大学出版会．能力主義による選別的な
米国の移民受け入れ政策（第 1 章）や，非正規移民に対する強制送還（第 2 章）につい
て学ぶことができる．

176　第IV部　同化主義からの決別

ワークシート

ワーク1 ....

米国とメキシコの間に長い国境の壁があるのはなぜだろうか.

ワーク2 ....

米国における正規移民の壁とは何だろうか. 米国社会におけるメキシコ系移民の経済的排除の実態について調べてみよう.

ワーク3 ....

米国における能力主義の移民政策とはどのような政策だろうか. 米国社会における非正規移民の役割について考えてみよう.

ワーク4 ....

米国への移民はなぜ反対されるのだろうか. 移民が受け入れられるためには何が必要だろうか.

索　引

〈ア 行〉

ILO 先住民条約（第 169 号）　55, 149
アイデンティティ　8, 96, 99-101, 128
アコロン　66
アファーマティブ・アクション　144
アフリカ史教育　145
アマゾニア　61
　——先住民　61
　——先住民運動　63
　——先住民組織（AIDESEP）　64
アマゾン　75-79, 81, 82, 85, 86
　——川　61
アラクブ語系先住民　78, 80, 81, 84, 87
アラサイレ　82-84, 87
アンデス　77, 80-82
　——移民　78
移行期正義　158
遺骨返還　158
一元世界　68, 71, 72
移民　78, 79
　——の可視化　166
　——法　169
　改正——法　170
　——問題　166
医療　31
　——政策　40
　——費　36　42
インディオ　49, 59
インディヘナ　49, 59
インディヘニスモ　50
ヴィヴェイロス・デ・カストロ　69
ウエペトゥエ　80, 82
ウカヤリ川　63, 64
永住志向　126
エコツーリズム　91, 92, 94, 96, 99
エスコバル, アルトゥーロ　71
エル・ピラル　75, 76, 78, 80, 82, 83
エンパワーメント　102
応用経済調査院（IPEA）　140
　太田好信　100
　沖縄移民　124
　オルタナティブ・ツーリズム　108

〈カ 行〉

開発　81, 82, 84-88
カウンターカルチャー　101
科学的エビデンス　62, 68
科学的知識　68, 72
可視化　158
カトリック教徒　18, 19, 22
環境アセスメント　61, 67, 72
環境イデオロギー　99
環境資源　91, 94, 97
観光人類学　114
観光という舞台　114
教育水準　167
共生社会　72
強制送還　123, 166
居留地　33
金採掘　75-77, 80, 82, 83, 85, 86
クミアイ（Kumiay）　93-95, 98
クレオール　152
クレナッキ, アイウトン　69
軍事介入　75, 76, 78, 84, 85, 88
軍事掃討作戦　75, 76, 83-87
景気変動の調整弁　173
憲法改正案　53
構造的人種差別　137
高度技能移民　170
黒人運動　143
黒人統一運動（MNU）　135
黒人奴隷制　142
国勢調査　150
国連先住民宣言　56
コミュニティ参加型ツーリズム（CBT）
　94, 95, 97, 101
ゴム　79, 80, 86, 87
雇用基準　169
混合在留資格　166
コンパドラスゴ　17, 19-25, 27, 28

〈サ 行〉

サクラメント　18, 20, 24, 27
サパティスタ民族解放軍（EZLN）　47, 51,
　59
サルシプエデス事件　153

サン・アンドレス協定　52
ジェノサイド（集団殺害）　156
自己決定権　56
事前協議　61, 64
自然保護地域　77, 78, 81, 82, 85, 88
自治　76, 80, 84-86
シピボ　62
社会関係資本　25-27
社会的ネットワーク　23, 25, 28
若年移民に対する国外強制退却の延期措置
　　（DACA）　165
集団の権利　56
出入国管理及び難民認定法　4
植民地化　76, 85, 86
新自由主義的保全　99
人種　135
　　――差別　157
　　――主義　54, 169
　　――民主主義　143
人生儀礼　18, 19
神話　65
ズンビー行進　144
正規移民　173
　　――の壁　165
　　非――　165, 173, 175
西洋医療　34
世界観　62, 72
世界のウチナーンチュ大会　119
石油　81, 82, 85, 86
先住民　18, 26, 55
　　――運動　158
　　――コミュニティ　92, 102
　　――政策　40, 41
　　――組織　34, 35, 41
　　――ツーリズム　109, 115, 116
　　――法　33
　　――保健特別プログラム　32
　　――問題　50
洗礼　18, 19, 24
相互理解　95
掃討作戦　78
ゾーニング　77, 81, 83-87
　　――政策　83

〈タ 行〉

大西洋奴隷貿易　142
大陸横断道路　78, 84-86
多元主義　53

多元世界　71, 72
多元的医療　31
脱中心的なネットワーク　129
頼母子講　125
多文化主義　ii, 54, 57
多民族の共生　iii, 57
タンボパタ国立保護区　77, 82
チャルーア　152
　　――子孫の会（ADENCH）　158
　　――民族評議会（CONACHA）　158
チリ人　32, 38
ディアスポラ　127
低度技能労働　168
出稼ぎ志向　123
デ・ラ・カデナ　70
伝統的生態学的知識　65
統一保健医療システム（SUS）　139
同化主義　i, 6, 54, 109
同化政策　155
同業組合　121
統合化政策　51
統合主義　i
ドミニコ会　80
ドリーム法　166
奴隷　153

〈ナ 行〉

二言語表記　35
日系移民　120
日系人　3
日本人学校　123
入植者植民地主義（セトラー・コロニアリズ
　　ム）　155
能力主義　170
　　――の移民政策　175

〈ハ 行〉

排日運動　121
バグア事件　64
白人移民　156
白人化政策　142
白人至上主義　142
パドリナスゴ　20, 21, 28
犯罪者移民　166
バンダ・オリエンタル　151
パンパ平原　151
貧困率　168

ファヴェーラ　141
フィエスタ　17-20, 22, 25, 28
フィールドノート　110, 111
不可視化　154
ブラジル　75, 77, 79, 81, 85-87
　──地理統計院（IBGE）　136
ブラセロ計画　163
ブラック・ライブズ・マター運動　135
文化の客体化　100
文化の継承　96, 101
文化の商品化　99
文化復興活動　42
米国愛国者法　166
米国の移民政策　169
ペルー沖縄県人会　128
ペルー日系人協会　127
邦字新聞　123

〈マ　行〉

マイクロファイナンス　125

マチ　32, 39, 40
マッチングゲーム　172
マプーチェ　33, 37
　──医療　31, 34, 39
民芸品　92, 94
民族　56
　──展示　154
メキシコ系移民　163, 175
メキシコ国家先住民族開発委員会（CDI）
　92, 94, 97
メスティソ　18, 26
メソアメリカ統合開発プロジェクト　49

〈ヤ・ラ行〉

薬草　32, 39, 40, 42
ラ・パンパ　77, 78, 80, 83, 84
ラプラタ川　151
霊的職能者　32, 39, 40

《執筆者紹介》（＊は編著者）

＊石 黒　　馨（いしぐろ　かおる）［はしがき・第4章・第12章］

　神戸大学名誉教授．国際政治経済学．グローバル資本主義に対する批判的な研究．主な著書に
『ラテンアメリカ経済学』（編著，世界思想社，2003年），『グローバルとローカルの共振』（共
編著，人文書院，2007年），『グローバル政治経済のパズル』（単著，勁草書房，2019年）など．

＊福 間 真 央（ふくま　まお）［第7章］

　関西外国語大学准教授．文化人類学．米墨国境地域に居住する先住民族のトランスナショナル
な実践とアイデンティティの形成プロセスを研究．主な著作に「ヤキのトランスナショナルな
交換」（『国立民族学博物館研究報告』47(4): 515-580，2023年）など．

＊額 田 有 美（ぬかだ　ゆみ）［第8章］

　南山大学外国語学部講師（専任）．人類学．コスタリカの先住民族が直面する現状を食文化や法
文化を切り口に研究．主な著書に "El giro gastro-político en Costa Rica"（*Patrimonio alimen-*
tario, turismo y políticas públicas: etnografías entre lo local y lo global, Federico G. Zúñga
Bravo et al. eds., 2024年）など．

大川ヘナン（おおかわ　へなん）［第1章］

　大谷大学現代社会学科助教．教育社会学，移民研究．日本における在日ブラジル人の教育問題
を研究．主な著作に「在日ブラジル人二世の教育達成を阻むものは何か」（『多文化関係学』19:
61-80，2022年）など．

山 内 熱 人（やまうち　あつと）［第2章］

　同志社大学嘱託研究員．文化人類学．メキシコ，オアハカ州の村落で祝祭によって結ばれる人
間関係を研究．主な著作に「コンパドラスゴの規範の構築──メキシコ，オアハカ州，先住民
村落のフィエスタの事例より」（『生活学論叢』24: 3-14，2014年）など．

工 藤 由 美（くどう　ゆみ）［第3章］

　国立民族学博物館・外来研究員．文化人類学．チリに居住する先住民マプーチェの組織活動と
民族医療を研究．主な著作に「文化遺産としてのマプーチェ医療──国家・先住民関係を映す
もの」（『古代アメリカの比較文明論』青山和夫他編，京都大学学術出版会，2019年）など．

神 崎 隼 人（かんざき　はやと）［第5章］

　大阪大学附属図書館特任研究員（常勤）．文化人類学，科学技術の人類学．ペルー領アマゾニア
における先住民運動とインフラ開発について研究．論文に「問題は「環境」であるのか？」（『年
報人間科学』41:129-44，2020年）．

村 川　　淳（むらかわ　あつし）［第 6 章］

同志社大学ラテンアメリカ研究センター嘱託研究員．ラテンアメリカ地域研究．南米ペルー周辺地域における諸資源開発と先住民社会との接点を中心に研究．主な著作に『浮島に生きる――アンデス先住民の移動と「近代」』（単著，京都大学学術出版会，2020 年）など．

佐久本義生（さくもと　よしき）［第 9 章］

名桜大学非常勤講師．文化人類学．沖縄移民や世界のウチナーンチュをめぐる文化現象を研究．主な著作に「第 6 回世界のウチナーンチュ大会における「県人会長・ウチナー民間大使会議」について――持続的で発展的な「ゆんたく」のための一考察」（『移民研究』13: 85-104，2017 年）など．

中 西 光 一（なかにし　みつかず）［第 10 章］

天理大学おやさと研究所専任講師．歴史学．ブラジルの人種問題と黒人奴隷制を研究．主な論文に"Gênero, escravidão e religião: a liberdade de Flora Blumer sob a perspectiva da missionária norte-americana Martha Watts (1881-1892)"（*Tempo*, 29(1): 235-255, 2023 年）など．

中 沢 知 史（なかざわ　ともふみ）［第 11 章］

立命館大学講師．政治社会史．国家形成，政治参加，ラテンアメリカ主義などを研究．主な著作に「「地方の叛乱」の余波――1930 年代初頭における制度改革を通じた中央・地方関係再編の試みとその限界」（『現代ペルーの政治危機』村上勇介編，国際書院，2024 年）など．

アクティブラーニング
多文化の共生社会を創る
──ラテンアメリカの問題から探る──

2025 年 2 月 20 日　初版第 1 刷発行　　＊定価はカバーに
　　　　　　　　　　　　　　　　　　　表示してあります。

　　　　　　　　　　　　石　黒　　　馨 ©
　　　　　編著者　　　　福　間　真　央
　　　　　　　　　　　　額　田　有　美

　　　　　発行者　　　　萩　原　淳　平

　　　　　印刷者　　　　藤　原　愛　子

発行所　株式会社　晃　洋　書　房

〒615-0026　京都市右京区西院北矢掛町 7 番地
電話　075-312-0788 番㈹
振替口座　01040-6-32280

装幀　HON DESIGN（北尾　崇）　　　印刷・製本　藤原印刷㈱
ISBN978-4-7710-3904-9

JCOPY〈（社）出版者著作権管理機構委託出版物〉
本書の無断複写は著作権法上での例外を除き禁じられています．
複写される場合は，そのつど事前に，（社）出版者著作権管理機構
（電話 03-5244-5088, FAX 03-5244-5089, e-mail: info@jcopy.or.jp)
の許諾を得てください。